マイノリティの人権を護る

靖国訴訟・指紋押なつ拒否訴訟・BC級戦犯者訴訟を中心として

今村嗣夫

明石書店

プロローグ

近年、トランプ政権下の米国をはじめ世界各国で、一国主義が横行し、「民族的少数者の人権」がないがしろにされている。グローバルな世界のあちこちで民主主義が壊されていくとき、足もとの日本の民主主義を顧みよう。

私が弁護士になって五十年余の年月が流れた。この間、それ以前に気づかなかったこの国の精神的風土（精神的社会環境）が見えてきた。

哲学者の**久野収**★1さんは、およそ次のように指摘している。「日本人は、昔から村落共同体の中で、大きな流れに同調することなく、自分の判断をはっきり表現して、まわりに波風を立てるのは、村の平和を乱すものだから、村八分にされても仕方がないという伝統に抱えこまれて生きております」。

この「同調的伝統」の下で多数決でも奪うことのできない「少数者の人権」（マイノリティの

人権）はしばしば侵害され、憲法訴訟ともなっている。

しかし、最高裁判所大法廷事件の多数意見においてさえ、「少数者の人権」をかえりみることのない判例が見られ、この国の精神的風土には民主主義に悖《もと》るものがあり、驚くばかりである。

私が携わった津地鎮祭違憲訴訟（Ⅲ最高裁と神々）や自衛官「合祀《ごうし》」拒否訴訟（Ⅴこわされた小さな願い）はその例である。

また、この国の民族的少数者である在日韓国・朝鮮人を管理するために、犯罪者と同様に行政により強制されていた指紋押なつを拒否した日本生まれ、日本育ちの中学生少女の事件（Ⅵ赤い手袋の少女）では、家庭裁判所でさえも、少女は「まちがい」をおこしたとし、「保護者も本人が再び『まちがい』をおこさないための適切な指導と監督をして下さい」としるした通知書を交付しているのである。

この国に、多数決でも奪うことのできない「少数者の人権」を確立し、この国の民主主義を確かなものとしたい。

また、この国の戦争責任の問題も、他民族のアイデンティティーへの侵略であったことを自覚して謝罪し、その謝罪のしるしとしての象徴的補償をなすべく政府・国会に訴え続けていきたい（Ⅶカンナの花）。

終わりに、日本国憲法が確立しているこの国のありようを再確認したい（『わたくしたちの憲法』）。

本書は弁護士五十年のあいだに携わった「少数者の人権」と「平和主義」をめぐるさまざまな問題の意味を、そのつど綴った詩とエッセイを交えて、中学生や高校生にも伝えようとして編んだ文集である。「隠語」（法律用語）を駆使する法律家の論考にならぬよう心して綴ったのであるが、はたして大方のご理解を得られるであろうか。

★1　久《く》野《の》収《おさむ》（一九一〇年六月十日—一九九〇年二月九日）は、「戦後民主主義」の形成に寄与した人物の一人。「原告中谷康子さんを支援する東京の会」の代表をされていた著名な哲学者・評論家である。（「国家主義と全体主義に抗して—第一審最終弁論を聞いて」共著『「合祀」いやです』新教出版社、一九九三、所収）

青い鳥

チルチル、ミチルのめざめた
その部屋で、
　しあわせの歌の下稽古。

それから

思索する民衆の空間を、
自由に飛びまわる。

マイノリティの人権を護る ◎ 目次

V　こわされた小さな願い　93

【自衛官「合祀」拒否訴訟】

VI　赤い手袋の少女　131

【指紋押なつ拒否訴訟】

＊は著者の詩のタイトル

【エピソード】

Ⅰ　弁護士のこころ

1　反射効

弁護士開業二年目の一九七〇年、「第二東京弁護士会会報特集号」へ投稿した一文である。先輩弁護士が目を細めて「弁護士の悩みを書いてくれたね」と評してくれた。

女性の劇作家から、お茶を飲もうと誘われている。彼女は、目下、元弁護士の小説家を主人公にしたドラマを創作中なのだが、この主人公が弁護士から作家に転向した動機をどのように設定したらよいか悩んでいるという。弁護士である私から、そのネタを引き出せるかもしれない。彼女が私にお茶をおごる気になったのはそのためである。

以前、私は、ヤクザ映画のプロデューサーから法廷場面の設定について意見を求められたことがある。テレビドラマに奇想天外な取調べの光景や判決言渡しの場面がでてきて、私ども専門家はしばしば苦笑させられたことがあった。ヤクザ映画とはいえ、専門家の意見を徴してセットを組もうとするこのプロデューサーの心意気に打たれて、私は季節に合った廷吏の服装までお教えしたものだ。しかし今回の相手はそのような即物的な回答は望んでいないだろう。

私は彼女に会ったとき、次のようなネタを提供してお茶をにごそうと思っている。

ある金融会社が倒産して、そこの社長が行方不明になった。この社長は、銀行より高い利息を払うと宣伝し、法律で禁止されている不特定多数人から預金を集めていた。この倒産会社の預金者は、社長の宣伝文句と熱心な勧誘に負け、銀行の定期預金を取り崩して預けた共稼ぎのサラリーマンや、家族ぐるみで汗水たらして働き長年にわたり蓄えた農協預金を払い戻して預けた農民一家、老後の生活費の増殖を図ろうとして退職金を預けた元公務員やお嫁にいくときまでには倍になるといわれ年二回のボーナスを決まって預けていたＯＬ等々であった。これら善良にして哀れな大衆預金者から依頼を受けた弁護士は、正義の味方とあがめられ、預金回収に着手した。

倒産会社の常として、帳簿は乱脈を極め、原始書類は散逸し、肝心の貸付先に対する貸付があるのかどうかつかみようもない。しかし弁護士は依頼人の元公務員とともに調査を重ねる。その結果、次第に貸付先の所在や貸付金残額が判明してきた。そこで正義の味方は、これら貸付先に対し勇猛果敢に貸金返還請求を始めた。ところがである。この貸付先のほとんどは、土地や建物などの担保物権を要求される銀行から融資を受けることのできない中小零細企業者であり、また家族の医療費のやりくりに奔走している主婦などである。倒産会社は、いわゆる高利貸だった。善良にして哀れな大衆預金者の利益を図るために「誠実にその職務を行う」弁護士は、自分でもそれと気付かぬうちに強引に借金を取り立てる**シャイロック**[★1]の役を演じていたのである……。

この国の政府の中小零細企業や低所得者層に対する金融政策が貧困なために、ちまたには高利貸が氾濫している。担保物権の提供もなくして貸付を行うこれら高利貸が存在しなければ、中小零細企業の経営は成り立たないようにさえみえる。その意味で、私は高利貸の存在価値を否定しえないし、貸倒れの危険性の濃い無担保貸付であってみれば、ある程度、高利息となる

★1　シャイロック――シェイクスピア『ベニスの商人』の主人公。ユダヤ人の金貸しで、ベニスの商人・アントーニオに胸の肉を担保に金を貸し、返済不能に陥ったアントーニオに返済を迫るが、裁判では胸の肉以外、血一滴もとってはならないという判決を受けて敗れる。悪徳な金貸しの典型という解釈がなされることが多いが、ユダヤ人差別を軸に描く新しい演出もある。

のも当然のことであろう。このような体制のなかで、被害者を救済しようとする弁護士は、自己の職務を誠実に行おうとすればするほど、いよいよ真に迫ってシャイロックの役を演ずるようなはめに陥るのである。

ところで、私はこの一文に「反射効」という題をつけた。長く記せば「事件処理の反射的効力」ということである。日常の事件処理の善し悪しを反省するとき、私は、私の依頼人の利益を、いかに「迅速」に、「丁寧」に、そして「確実」に図ることができたか否かを採点基準にする。けれども、その事件処理が、私の依頼人の隣人たちに対し、さらには社会全体に対し、どのような「反射効」をおよぼしているか、私はそこまではいちいち考えてみようとしない。日常茶飯の事件処理の一つ一つについて、そこまで責任をもたされたのではやりきれない。中小零細企業者や低所得者層に対する金融政策の改善は弁護士の仕事ではない。弁護士には、否、法律家には制度を創作する権限は与えられていない。既存の法律について、せいぜい新解釈を見出すだけである。

法律家の世界には、建前として、発見はあっても発明はない。自己の立場をこのように弁明して、私は、あの『禍なるかな法律家』（F・ローデル、岩波書店）の一員となる。法律用語を駆使し、もっぱら体制内における社会的正義の実現を図ることを使命とする、あの法律家の一員にである。己の「事件処理の反射効」に思いをいたし、歴史現実における真の社会的正義の探求をなす暇もなく、来る日も来る日も、依頼者からせかされるままに、当面の事件処理に忙殺されている弁護士としての自分をふとみつめながら、私は今、この一文を綴っている。

さて、彼女は「正義の味方」こと「弁護士シャイロック」の話に、私のいわんと欲するところをうまく汲みとってくれるであろうか。別れ際に、私は彼女に、もっと気のきいたセリフを残さなければなるまい、「たしかに弁護士の社会的正義の実現には限界がありますよ。私なんぞは、その点、あきらめてかかっているんですよ」。

それから、こうもいおう、「人間の生きる悦びは、ものを創り出すことにある。僕も、時折、詩を作ったりするが、そのときの自分は夢中である。弁護士の仕事には、あなたがた芸術家の仕事のように創造の悦びってやつがない。しかしながら、人びとの『**権利のための闘争**[★2]』に助力する使命を達成しようと力んで、僕は、今のところ、毎朝欠かさずラジオ体操を続け、ときにテニスで体を動かして、未だ頑張っているわけですよ。

あなたの〝主人公〟によろしく」。

★2　権利のための闘争―ドイツの大法学者イエーリングは、「権利侵害によって人格を踏みにじられた場合には、あらゆる手段で闘うのが自分自身に対する義務である」旨、力説している。

ピエロ

そこでピエロは考えた。
どうして、どうして
こんな道化を踊らにゃ
ならぬ。

魔女が笑った、
ほらね、笑った。

ピエロは独りで、
本気で踊る、
おどけて見せる。

するといつの間にか、

魔女の目に涙がひと粒。
けれどピエロは素知らぬ顔で、
踊る、踊る、おどける。

2 事務所便り

弁護士会に登録を済ませ、わが事務所の一員となった木村庸五弁護士を囲み談笑しました。忙中閑ありて、スタッフの二人の女性・沖中さん、山崎さんも加わり先輩風を吹かせました。弁護士開業九年目の一九七七年四月号である。

山崎「粗茶ですがどうぞ。新米の、失礼、新入りの先生のお湯呑みはこれでございます……」
木村「いやどうも、なかなかいい焼きじゃないですか」
今村「木村弁護士は高校の頃米国へ留学したわけ」
木村「ええ、一年間でしたが、向こうの同世代の生徒がいる一般家庭で過ごしました」
沖中「木村先生に英会話を習おうかしら」

木村「ガイドの資格もあるのですが、使わないとしゃべる方はちょっとつまりますね。ヒヤリングはおとろえないけど」
沖中「時折、外国人の依頼者も来ますよ」
今村「日本の裁判所は英文には必ず和訳をつけることになっているんで、仮処分のときなど沖中さん一人で訳文作りにてんてこ舞いだったが、今度は助かるね」
木村「今村事務所は津地鎮祭違憲訴訟など有名な憲法訴訟をいくつかやっておられることは知ってますが、ほかにもいろいろな仕事があるのですね。一般事件ではどんなのがあるんですか」
沖中「財団設立だの、著作権、医療過誤だの、日照、刑事告訴、解雇事件だのバラエティがあるわね」
山崎「相続だの離婚だの借地借家の事件もけっこうあるわね。それから債権取立、倒産した会社の整理……このあいだ『お宅の先生何が専門』って聞かれたけどどう答えたらいいのか」
今村「医者でいえば、内科も外科も……（笑い）。大方の弁護士は何でも手がけてると思うよ。山崎さんは刑事事件に関心があるんだよ。仕事の合間に、司法試験の受験生が読む有名な刑法学者植松正教授の『刑法教室』読んだりしてね『先生、この内容証明郵便は脅迫になりませんの？』なんてやられるよ」
木村「このあいだ先生が修習生に行政事件の講義をされたのを傍聴させてもらったけど……」
沖中「土地収用の補償や税金の取戻事件、建築確認など官庁相手のむずかしそうな事件がよく来るわね。うちのボスの専門みたいなのは行政事件かな。ところで、木村先生はご出身の神戸の事件で新幹線通いということにならないかしら」
木村「弁護士は管轄がないのでどこへでもとんでいくつもりですが……」
今村「弁護士を開業するについて、不安なことは別にないですか」
木村「このあいだの先生の講義を聞いていて感じたんですが、今まで法律を体系的に学んできたけど、いざ実践となるとどういう風に処したらよいのか、いわば立体的に法律を運用していけるかどうか、うまく応用していけるかどうか……。早い話が文章一つ書くにしても、研修所で書いていた文章じゃ一般人には通じないんじゃないか。法律的なものをにらみながら一般世間に通用する普通の文章を書かなければいけない、そこのところがむずかしいなあと感じています……」
今村「沖中さんは大学院で法律学者と仕事をしていて、この事務所へ入ってきて違和感をもったことがないかね」

沖中「大学院で勉強していた頃は、ある事柄についてA説B説あるが、A説が『妥当と思われる』というふうに論じてきたし、断言することは研究者のとるべき態度ではないという指導さえ受けたんですけど、弁護士さんは自分の主張が唯一絶対に正しいといわんばかりに断言されるんで最初はびっくりしました」
木村「訴訟は戦いだからね……」
沖中「それから弁護士さんは学者のようにすべてをありのままに論述しないでしょう」
木村「こちらに不利なことは相手が言い出さない限り黙ってる」
今村「ズルイと思われるわけだな。これは主張立証責任の問題でね、複雑な事柄がそれで整理されてお互いにいいわけだが……主張立証がへたなために正義が死んだんじゃ困るな」
沖中「それから紛争は判決で勝敗が確定すれば万事解決だと思っていたけれど現実はそうじゃないのね。**強制執行**[★3]のことは知っていたけど、これがまたこまごました面倒な手続で、判決で勝ってもその後がまた大変なのですね」
今村「大体依頼を受けた紛争の解決方法として強制執行までやらなければならないというのは大失敗だね」
沖中「弁護士は裁判するのが仕事だと思っていたけど、うちの事務所は裁判が少ないのよね。裁判外の事件のほうがずっと多い。時間と費用のかかる裁判はなるべくしないほうが依頼者の利益になる、提訴は第一の失敗、判決前に和解できないのは第二の失敗、強制執行は愚の骨頂というのがウチのボスの主義でして……」

今村「そのとおり、よく覚えたね（笑い）。そうはいうもののけっこう強制執行もやってますね」（笑い）

沖中「どうしてもそこまでいかなきゃならない事件もあるというわけ」

木村「和解というのはむずかしいでしょうね」

今村「いずれ和解するにしても要件事実をよく整理して、法律上の主張は当初からきちっとしておかなくてはね。最初からまあまあというのはよろしくない。そんなことでは正義は死滅しかねない。和解条件を当方に有利にすることもできんと思うよ。

ところで木村先生もそのうちに感づくと思うが、依頼者は法律家じゃないからね、法律的に重要な事実と無意味な事実の区別がつかない。とにかく一番しゃくにさわっていることをことこまかに説明される、そしてわれわれが法律的に重要だと考える事実は、依頼者はそれほど重要な事実とは思っていないから話さないですます。ひとしきり話して、もうお昼だから食事を一緒にしませんかということになり、近所のそば屋へはいって雑談していると、こ

★3　強制執行―裁判に勝っても被告が判決に従って借りたお金や財産を返さなければ、裁判所が被告の預金や財産を強制的に差し押さえたりして取り立てる面倒な強制執行の手続を申し立てざるをえない。

んなこともあったんですよ、とそのときおやっと思うような法律的に重要な事実をなにげない顔でおっしゃる――こんなこともありますよ。

　それから自分に都合の悪い事実は人情として話しにくい面がある。でも弁護士は医者と同じだから裸になってオヘソの横のオデキまで見せていただかないと依頼者の利益を本当に守れないんだな。木村先生もよき聞き手になって、依頼者が話しもらしていた重要な事実を法廷で、突然、相手方から指摘されて恥をかいたり、とまどったりせんように……」

山崎「うちのボスは依頼者に対してとてもきびしいの……。

　きびしいことひとつ申しますけど、木村先生、お忙しくなるでしょうけど原稿は裁判の日の三日前までに提出して下さらないと私タイプ打ちませんから、よろしく」

今村「うちの事務局はきびしいよ」

木村「どうぞお手柔らかに（笑い）」

今村「けれど楽しいこともあるんだよ。たとえば、年の暮れの大掃除のときにね、心やさしいニニロッソの〝夜空のトランペット〟を流してみたりしてね、これは定番なんだよ……（笑い）」

ベラと人権

〈夏〉房総の岩場ですくった小魚を居間の小さな水槽で注意深く飼っています。ハコフグ、メジナ、ハゼ、カゴカキダイ、そしてベラなど八匹。この三センチから六センチの小魚族のなかで、青と赤の縞もようのベラは誠にユニークな〝実存〟です。ほかの仲間は泳いだままの格好で眠るのですが、こやつは水槽の底に敷きつめた小粒のまっ白なサンゴ石のフトンにがさごそもぐりこんで、横になって眠るのです。

〈夜〉ぼくはどんなに遅く帰っても、彼らの好物である乾燥エビを指先につまんで、もみつぶしながらぼくの海にまき散らします。宵の口であればわがベラ君も海面に寄ってきて仲間と競ってこの思いがけない夜食を食べるのですが、ぼくの帰宅時間には彼はすでに海底のどこかで横になっているのが常です。今年はできうる限りベラが横にならないうちに帰宅したいものです。年のせいでしょうか。〝人権〟は自分で護るもの、〝人権〟とは隣人と共に長生きをすることです。これは吾家のベラの持論です。

3　妹尾《せのお》晃《あきら》弁護士の遺産

弁護士四年目のことである。敬愛する気骨ある先輩弁護士の召天に当たり、自由人権協会の機関紙『人権新聞』（一九七二年四月一日号）に掲載された哀悼文である。

洗礼

「今夜、私たちは妹尾晃兄弟の死の報せを聞いてここへ集まってきました。この教会は創立以来今年で九五年になる古い教会でありますが、妹尾晃兄弟が御自分で選んで、その人生の最後の一年余り信仰生活を送られた教会であります……」

妹尾弁護士が亡くなられた去る二月二十一日の翌日の晩である。日本キリスト教団牛込払方町教会においてしめやかに密葬が執り行われた。木造の決して大きくはない教会堂で真っ白な生花に囲まれた棺を前にこうして静かに語り始めた松永希久夫牧師の告別説教は誠に感銘深いものであった。

「……妹尾氏は細身の方であられましたがその痩せた身体をさらに小さくするような感じで、いつもかしこまったような姿勢で礼拝に臨んでおられました。それは本当に神様の前にへり下っているというか、事実は実に勇敢に何本も何本も十字架を負って戦っておられたのですが、まるでまだ自分のはたすべき仕事を十分になしていなくて申し訳ないと、神様にわびておられるといった風態に見える姿勢でした……」

妹尾弁護士が洗礼を受けられたのは、一九六九年のクリスマスであった。当時の教会誌の受洗者自己紹介欄に先生は次のように書かれている――「私の場合、日曜礼拝は、一九五〇年**アメリカ旅行中**[★4]に始まりました。……簡潔で熱のこもった黒人牧師の説教に感銘したサンフランシスコの教会など、今も強く印象に残っています。半ば見学のつもりでの出席でしたが」――それから十九年間、ほとんど毎日曜日礼拝を守り続けられてこられたようである。いつか先生が「僕は君、万年求道者だよ」と照れくさそうに笑っておられたのを覚えている。

その先生が三年前洗礼を受けられたと聞いて私は先生のこの決断にいたく驚いた。そんな私に先生は静かに笑っていわれた。「いや、ごく自然な気持ちだったんだよ」。

★4　アメリカ旅行中―ガリオアの人権問題視察団に加わり渡米されたときと思われる。ガリオアは第二次世界大戦後、アメリカ政府は日本など占領地における疾病や飢餓を防止し、占領を円滑に進める援助資金を支出した。この占領地域救済政府資金はガリオア（GARIOA）資金と呼ばれた（Government Appropriation for Relief in Occupied Area）。

ところで妹尾弁護士は「左の手のしていることを右の手に知らせるな」という聖書の教えを文字通り実行した人のように思える。ユダヤ教の戒律とローマの政治権力の前に自由を失っていた人びとに人間の真の自由、隣人への愛を自ら証したイエスの人格に出会っていよいよとぎすまされた妹尾先生の人権感覚に基づく数々の勇気ある働き、その全貌を知っている人はないといってよい。

彼は自分のことについては多くを語らない人であった。彼の身近な人でさえ知らなかったことがその死後続々と明らかになって来つつある。**クラーク事件**[★5]、**バーバラ・バイ事件**[★6]で国際的な名声をはせたこと、博多の**フィルム提出事件**[★7]では自己の立場を顧みず関係者に厳しい態度を執られたことも聞く。一九六〇年、安保国会前の**機動隊の行動**[★8]を告発すべきであるといち早く人権協会に提唱されていたともいわれる。最近では広島原爆センター設立のため、松本卓夫牧師を援けて獅子奮迅の働きをし、特に昨夏、外国からの訪問団の受入れに奔走された。その過労が倒れられた一つの原因といわれる。

また『人権新聞』でいつか先生が紹介されていたバーバラ・レイノルズ夫人が英訳出版されようとした「広島の証言」の英訳原稿を整理するために毎日明方までテープと下書きとを首っ

引きで照合、完成された。これも彼の病気を促進したのではなかろうか。他方岩手県の僻村の小学校にたくさんの本を送り、小学生たちに「妹尾文庫」として親しまれていたことも告別式で明らかにされたことの一つである。

昨年三月号の『人権新聞』に掲載された、「『殺す側』に奉仕するのか」と題する一文が『人権新聞』では先生の遺稿となってしまった。それは現に裁判の実務に携わる裁判官諸公――特に**青法協**★9に関係のない多数の裁判官に――裁判の行政に対する優位を司法の分野において確立するため明確な意思表示をするよう求める切実な訴えであった。当時、憲法に忠実であろうと

★5 クラーク事件――「少年よ大志を抱け」のクラーク博士が詐欺容疑で訴えられていた事件。

★6 バーバラ・バイ事件―日本への上陸許可処分を与えられなかったアメリカ合衆国国籍の外国人バーバラ・バイが、処分の取り消しを求めた事件。

★7 博多のフィルム提出事件―アメリカ原子力空母入港阻止を訴えた学生に対する機動隊員の公務員職権乱用罪事件の重要証拠であるNHK福岡放送局などが、撮影したフィルムの提出命令事件。

★8 60年安保闘争時の機動隊の行動―一九六〇年、首相岸信介が企図し国会で強行採決された安保条約は、日本の軍事力の増強義務と日米総合防衛義務を定め、平和憲法に悖る軍事同盟条約の性質が付与された。これに対する国民の請願デモは岸内閣退陣を要求する激しい批判と反対闘争を巻き起こした。この審議をめぐり混乱が続く国会では、与党が警官隊を導入し国会前で反対の声を上げていた学生たちの一人東京大学の女子学生樺美智子さん（二十二歳）が機動隊の暴行により死亡した。

する青年法律家協会所属の裁判官の身分が脅かされていた。

先年十月末、脳梗塞で倒れられる直前まで、先生は私が携った津地鎮祭違憲訴訟の上告審常任弁護団会議に終始参加してくださり、われわれは百万の見方を得た想いであった。妹尾事務所の一角を、弁護団の資料室として解放してくださったりもした。この訴訟は、先生の言葉をお借りすれば「デモクラシーのいのち」ともいうべきこの国の少数者の信教の自由に係る訴訟である。

われわれの弁論

二月の初め、前ぶれもなく病室を訪れた私を見つめて先生は頼むようにいわれた――「いいからほっといてくれよ、もう来なくていいよ……まだ死んじゃいないよ」。それでもときどきつまるタンをご自分で紙でぬぐいながら地鎮祭訴訟の進行状況や私の新しい事務所の様子を聞いてくださったりした。

この前訪ねたとき、つい長話をしたためか、後で苦しまれたとうかがっていたので、そのことを申し辞退しようとすると先生は、「いや、われわれの弁論としては決して長くはなかったよ。今日は無礼講でビールでも二、三本、飲んでいくか」と冗談を言われたくらいである。

その後、間もなく急報を受け出張先からかけつけたとき、先生は激しい呼吸をくり返してお

★9 青年法律家協会（青法協）——「憲法擁護・平和と民主主義」を掲げて一九五四年、若手法曹・研究者らが結成した団体で、その裁判官部会は一九六三年以降研究サークルとして出発したものであり、政治団体などというものではなかった。

一九六九年八月、北海道長沼町に自衛隊のナイキ基地建設計画が浮上すると、地元住民が基地予定地の保安林指定解除処分を行った農林大臣の処分の取り消しを求める訴訟（長沼ナイキ基地訴訟）を提起した。この裁判の担当となった札幌地裁の福島重雄裁判長に対し、平賀健太札幌地裁所長が「書簡」を送り、自衛隊を憲法違反とする違憲審査権の行使を控えるようにとの「意見」を伝えるという、裁判官の独立を侵す事件が起きた。憲法七十六条三項は、「すべて裁判官は、その良心に従ひ、独立してその職権を行い、この憲法及び法律にのみ拘束される」と「裁判官の独立」を定めている。

このような明白な裁判干渉は驚くべきことである。その後最高裁も政府・財界・右翼メディアによる青法協批判に迎合するかのように、一九六九年十一月には青法協加入の裁判官に脱会勧告を行った。翌一九七〇年三月には石田和外最高裁長官により、青法協会員の司法修習生が判事補任官を拒否された。青法協会員や最高裁判例と異なる判決を出す裁判官の勤務地は、「支部支部（渋々）と支部から支部へ支部めぐり、支部（四部）の虫にも五分の魂」という戯《ざ》れ歌が語られたという笑えないエピソードがある。こうした陰湿かつ執拗な青法協攻撃が続いた結果、青法協裁判官部会は一九八四年一月青法協からの分離を決定し、かくして裁判官部会は青法協の会としては解散し、消滅したのである。そして、司法行政の頂点にある最高裁事務総局による裁判官統制が強化された結果、裁判官のあいだでは、「物言えば唇寒し」という状況が生まれ、上の言うことにはただ黙って従うという風潮が強まり、「見ざる・言わざる・聞かざる」に加えて「考えざる」の四ザル裁判官が増えていったといわれている。妹尾弁護士が青法協に関係のない多数の裁判官に裁判の行政に対する優位を司法の分野において確立することを訴えた所以はそこにあった。

られたが、数時間して永い眠りにつかれた。頬はこけていたが秀でた額にはつやがあった。広島、ベトナム、司法権の独立、津地鎮祭違憲訴訟等々数多く残された先生の遺産を担い、またその信仰の遺産について想いを致しながら限られた私の人生を歩みたいと思う。

時

花のない葉っぱに、
蝶蝶が羽を休めているように
しばらくじっとしていよう。

重ねた羽を　ときどき大きく
開いてみたりして。

【自治会と神社・マンションの日の丸】

Ⅱ　少数者の人権

中学生と考える多数決主義の限界

中学生の社会科の授業で、憲法の「信教の自由」について話すよう招かれました。

1　心の中の自由——思想と良心

憲法は、その国の政治にとって一番大切な規則を決めているのですが、日本国憲法では、その一つとして、「思想および良心の自由は、これを侵してはならない」と定めています。

憲法学者**宮沢俊義**★1・児童文学者**国分一太郎**★2先生の共著『わたくしたちの憲法』（有斐閣、187ページ参照）は、およそ次のように語っています。

「人は誰でもまとまった考えを、心の中に持っていますね。それが、思想というものです。また、自分の行いや世の中のできごとについても、これは正しい、これは正しくない、これは善だ、これは悪だ、これは美しい、これはみにくいというように、一つの感じや考えを持っていますね。これが良心です。だから、思想とか良心というものは、心の中におこるものです。人に話すとか、文字に書いて表現する前から、自分の心の中に生まれているものです。思想および良心の自由というものは、この心の中の自由ということです。

民主主義というのは、一人ひとりの人間が、よそからおしつけられることなく、自分じぶんの頭の中で、心の中で考え抜き、その考えによって、ものごとをやっていくことから出発するのです」

こんなあたりまえなことを、どうして憲法にまで書いているのでしょうか。

日本国憲法は、心のなかの自由が宗教に向かうと信教の自由・無宗教の自由の問題として保障しています。

思想を外部に表現することについては「集会、結社及び言論、出版その他一切の表現の自由」の問題として保障しています。

また、真理探究については「学問の自由」の問題として保障しています。

ところが、明治憲法の下ではこれらの自由は保障されておらず、ひいては心のなかの自由がないがしろにされました。そして戦争に負けた一九四五年（昭和二十年）ころまでは、国や政府を批判すると、「日本人らしくない考え方だ」、「危険思想だ」といって、人びとの思想の自由、良心の自由、つまりは民主主義の基本である国民一人ひとりの人格がないがしろにされてきたのです。

その歴史的な事例を二つだけ挙げましょう。

嵐の日

京都・亀岡と綾部に本部を置く民衆の宗教「大本」は、出口王仁三郎の『霊界物語』を中心とし、強い者勝ちの悪魔ばかりのこの世の「立替え立直し」を唱え、この民衆救済の教義が幅

★1 宮沢《みやざわ》俊義《としよし》（一八九九年三月六日―一九七六年九月四日）は、東京大学教授で著名な憲法学者・文化功労者。日本国憲法制定時に寄与し、後の憲法学界に多大な影響を残した。（『世界憲法集』岩波文庫編著、一九六〇）

★2 国分《こくぶん》一《いち》太《た》郎《ろう》（一九一一年三月十三日―一九八五年二月十二日）は、日本の教育実践家、児童文学者、作文（つづり方）教育の実践・理論家。児童の感情や発想を作文にし、生活を見つめ直すことを重視した。（『しなやかさというたからもの』晶文社、一九七三）

広い民衆の共感を得て大教団に発展しました。ところが、天皇の代わりに大本が日本を統治するという危険思想の宗教とみなされ、反政府、反国策の思想を取り締まる当時の特高（特別高等警察）の強権により妨害・圧迫（大弾圧）を受け、解散に追い込まれました。

綾部に住む三代教主の長女出口直美さんは、当時を振り返り次のように「嵐の日」を証言しています（出口直美作品集『しずはた』、鴻出版）。

「あの事件は昭和十年十二月八日未明に起こりました」「当時、私は満六歳、妹の麻子は三歳、聖子は一歳、弟の京太郎はまだ生まれていませんでした」

「午前零時に京都市を発した警官隊約五百人が綾部と亀岡に殺到したのです。そして両聖地にいた奉仕者・修行者約五百人が軟禁され、そのうち約三百名が検束され警察につれて行かれました。その後、弾圧の嵐はますます強まり、翌年五月には神苑の建物・印刷所がことごとく打ち壊されるという、日本近代史上最大の宗教弾圧といわれる大弾圧事件に発展したのです」

「十二月八日、その日、私は何も知らずに起き出して座敷に行くと、そこには警察の人がたくさん坐っていました。その一人が『お嬢さん、握手しましょう』というので握手をしたようにおぼえています。そう怖いとは思いませんでした。家の人たちが、私を恐がらせないように気を使っていたのでしょう」

「おかしな話ですが、鶴の卵というお菓子を食べそこねたことが残念でした。鶴の卵というのは、丸いマシュマロのお菓子で、私はそれが大好きでした。前日にそれがあるのを知って、次の日に食べようと楽しみにしていたのです。そして事件の日、『鶴の卵ほしい』とねだったところが、あれは警察の人が食べてしまったからもうないといわれました。それがちょっと悔しかったことが、あの十二月八日の印象として記憶に残っています」

「その日、大祭のために松江の島根別院におもむいていた祖父（聖師・出口王仁三郎）と祖母（当時二代教主）も武装警官隊によって検束され、容疑者を留置する京都の未決監に収容されました」

前の日から楽しみにしていたお菓子を、今日はもう食べることができない、警察の人に食べられてしまったというこの証言は、「権力による弾圧」というものは一方的にいつでも日常生活にはいりこんでくることを思わせ、鳥肌が立つのを覚えます。このようにして人びとの思想の自由が侵害される時代があったのです。

「権力」というのは、「人を支配する立場にある者がもつ、他人を強制し服従させる力のこと」です。「弾圧」というのは、「支配階級が、権力を使って反対勢力に妨害・圧迫を加えること」です。

新興仏教青年同盟事件

大本事件のほかにも宗教弾圧事件がありました。日本の中国侵略が本格化する一九三一年(昭和六年)結成された青年仏教徒の新興仏教青年同盟は、現代の社会は一部の資本家が労働者を安く働かせ、利益を独り占めにしている——民衆を搾取しているが、これは仏教の精神に反するとして「資本主義の改革」などを内容とする綱領をかかげて活動し、反戦平和の講演会を主催していたところ、一九三七年(昭和十二年)十月、私有財産制を否認する運動を取締り罰則を定めた治安維持法違反で幹部らが特高に一斉に検挙されて運動は破壊されました(『宗教弾圧を語る』、岩波新書、一九七二)。

いまお話しした二つの事件は、明治憲法時代の話です。しかし、このあとで話しますが、そのような事件を引きおこした背景にある日本の精神的風土(精神的社会環境)は未だに変革されていないのです。

2　宗教を信ずる自由・信じない自由

はじめに投げかけた問題にもう一度戻りましょう。

心のなかの自由が宗教に向かうと信教の自由の問題になります。憲法は、信教の自由は侵害してはならないということを決めています。それは、国民の一人ひとりが自分の好きな教えに従って自由に生きることを、だれもさまたげてはいけないということです。

そんなことは当然のことだと思います。では憲法はどうしてこのようなことをわざわざ決めているのでしょう。

日本の歴史をひもときますと、明治時代以後、日本が戦争に負けるまでの八十年のあいだ、国民の信教の自由はさまたげられていたのです。

日本には仏教やキリスト教やその外にもさまざまな宗教があり、またそれぞれの宗教にさまざまな宗派があります。日本ほど宗教の多い国はないので日本は宗教の百貨店だ、などといわれています。そのたくさんの宗教・宗派のなかに、皆もよく知っているように、神社を作って神さまを祭っている神社神道《じんじゃしんとう》という宗教（神道の一宗派）があります。

明治時代になってから、政府はこの神社神道を国教のように扱いました。日本の国民はだれでも神社神道を崇敬しなくてはいけない、クリスチャンも神社参拝をすべきだということになったのです。なぜかといいますと、神社神道は天皇の祖先といわれる天照大神《アマテラスオオミカミ》を祭っている宗教であり、日本民族の宗教だからだというのです。

しかし一つの神のみを信ずるキリスト教の牧師さんたちはこの政府の方針に背いて神社参拝を拒否したり、教会の前に張られた町内の神社の祭りのしめ縄を取り払ったりしました。八百万《やおよろず》の神ということばが示す通り、神道には大勢の神様がいます。それに対してキリスト教の神は唯一です。神道の神を強要されることはキリスト教徒には許容できないことです。

そうしますと、戦争中の昭和十七年、一九四二年六月二十六日のことですが、当時の日本キリスト教団のホーリネス教会の牧師さん百六人が国家神道の秩序を乱したという罪で全国各地において治安維持法違反で一斉に逮捕されました。裁判になると検事から「お前は天皇とキリストとどっちがえらいと思ってるのか」と心のなかの自由を侵す尋問をされたうえ刑務所に入れられました。刑務所のなかで病気になり死んだ牧師さんもいました（同書）。

3　国家と宗教と平和——政教分離原則

敗戦後の新しい憲法では、こういう国家神道の下での過去の暗い歴史をくり返さないために、心のなかの自由である信教の自由・無宗教の自由は無条件絶対的に保障されなければならないと考えて憲法の二十条に「信教の自由は、何人に対してもこれを保障する」と決めたのです。しかし、それだけでは未だ不安が残るので、これからは国は――政府や警察当局や市町村やその他の官公庁は、昔のように宗教と結びついてはいけないという政治と宗教を分離する原則、政教分離原則を憲法ではっきりと定めました。

また、警察当局の宗教弾圧事件が起きた戦時中、「日本は生きている神である天皇が支配する神国で、日本民族は世界のどの民族よりも優れている」という宗教的な思想で国民は教育され、日本の軍隊は天皇を頂点とするアジア共栄圏を建設する『聖戦』の名のもとに無謀な侵略戦争をして負けたのです。

そこで敗戦後、私たちの憲法は、国家と宗教とは結びついてはいけないという、政教分離原則を宣言しました。政教分離原則は戦争の放棄を定めた九条と相まって平和保障の原則でもあるのです。

そこで、『わたくしたちの憲法』はおよそ次のように語っています。

「憲法は、国が、いままでみたいに、神道を信じなければならないとおしつけていたのはまちがいだった——伊勢の皇太神宮を、国の費用で建てていたり、そちこちの神社に、国のお金をだしたり、靖国神社のおまつりを、国としてやったりしたのなども、みんなまちがいだったというわけです。町や村の神社も同じです。これからは、国や公共団体としては、どんな宗教にも、えこひいきをしないことになったのです。

また、私立学校では宗教教育は自由ですが、国立や公立の学校では、あるひとつの宗教の宣伝をしてはいけないことになりました。だから、あるひとつの宗教について、よく考えることも、わるく教えることもゆるされません。『宗教』というのがあることの話をして、それが、人間にとってたいせつなものだということを話すのはかまいませんけれども……」。

4　精神的自由と多数決主義

自治会と神社

ところが数年前、私の事務所へ法律相談にみえた浜松市のキリスト教徒の溝口正さんの話を聞いて私はびっくりしました。溝口さんがはいっている自治会では、町の人びとから集めた自治会費を氏神を祭る神社の管理費や祭りの費用として使ったりしているのです。そこで彼は、自分が出した自治会費を自分が信じてもいない神社のために使うのは困る、町内にはいろいろな宗教宗派の人・無宗教の人がいるんだから、自治会が神社と結びつくことは憲法違反だといったのです。

そうしたら自治会の席で皆から「神社の祭りに反対するやつは日本人じゃない」とか「これは多数決で決まったことだ。くやしければ町民の過半数をクリスチャンに改宗させて多数決で決めるんだな」とかいわれ、彼の意見は無視されました。そこで彼は、神社と結びついた自治会の会員でいることは、キリスト教徒として良心が許さないといって脱会したのです。すると自治会を通じて配られていた市からのお知らせもこなくなり、村八分にされてしまったというのです。

多数の意見に黙って従ってしまうというところにこの国の精神的風土が現れるとはいえないでしょうか。「みんなが神社に寄付することに同意している」は本当にすべての個人が同意しているわけではありません。ただあまり波風をたてずに黙っているだけのことです。

民主主義は多数決でものごとを決めるわけですが、多数決では決められないこと、多数決では決めてはいけないことがあると思います。宗教や良心・思想など一人ひとりの精神的自由の問題は多数決では決めてはいけないことです。まだほかにもあると思います。皆さんもクラスで多数決で何か決めるときは、これは多数決で決めてよいことかどうか、その都度よく考えてみてください。

マンションの日の丸

天皇誕生日（祝日）の朝、マンションのエントランス（玄関）に日の丸の旗が翻っていた。それに気づいた住民の女性「りりと」は、その心がざわめき始めたという。「何これ！　誰がこんなことを認めたの？」

年が明けて元旦、「りりと」はまた、あのエントランスの日の丸を見ることになり、その後、もんもんと悩んでいたという。なぜこんなに「日の丸」にこだわるのだろうか。次の判例が「りりと」の心を代弁しています。

「わが国において、日の丸は、明治時代以降、第二次世界大戦終了までの間、皇国思想や軍国主義思想の精神的支柱として用いられてきたことがあることは否定し難い歴史的事実であり、国旗・国歌法により、日の丸、君が代が国旗、国歌と規定された現在においても、なお国民の間で宗教的、政治的にみて日の丸、君が代が価値中立的なものと認められるまでには至っていない状況にあることが認められる。このため、国民の間には、公立学校の入学式、卒業式等の式典において、国旗掲揚、国歌斉唱をすることに反対する者も少なからずおり、このような世界観、主義、主張を持つ者の思想・良心の自由も、保護に値する権利というべきである」

黙っているうちに、事態が進んで行くことが気がかりとなった「りりと」は、顔なじみの管理会社の担当者を通じて管理組合の理事会に次のような手紙を渡してもらった。「国旗掲揚をよしとするか否かは住民各自の思想の自由の問題であり、このマンションに住む全世帯員の総意としてエントランスに国旗を掲げるのは止めて頂きたい」。

ところが、「理事会で決めたことだからと、突っぱねられた」という。

管理会社の担当者の情報では、近く管理組合員の「総会」が開かれるということだった。「りりと」はこの総会に向けて「国旗掲揚の取りやめのお願い――平穏なマンション生活を求めて」という文書を提出しました。その際、弁護士に作成してもらった次のような「意見書」を参考のためとして提出しました。

1 マンションの管理組合の理事会が「日の丸」問題を始め住民の思想問題など精神的問題とかかわることは、「少数者の人権」の侵害となり、住民の間に理事会に対する憎しみと軽蔑と侮辱の念をもたらすことになり、このマンションの平穏を乱すことになります。

2 ちなみに、米合衆国も日本も国家と宗教（精神的問題）とが結びつくことを禁止する「政教分離原則」を憲法で定めています。連邦最高裁の有名なブラック裁判官は次のようにいっています。「国家が特定の宗教と手を結べば、それとことなる信仰をもつ人をして国家に対して憎しみと軽蔑と侮辱の念をもたらしめ、国家の存立を危うくする」というのです。管理組合理事会は、住民の精神的問題とかかわりあいをもたない原則を確立するのがよいのではないかと考えます。

3 次に、米国における連邦最高裁の国旗敬礼拒否事件を紹介しましょう。エホバの証人派（ものみの塔）の信徒の子どもが、自分の信仰に反するとして、公立学校における朝礼で、国旗への忠誠の誓いを拒んで退校処分にされた事件です。連邦最高裁はこの処分を違憲・違法として「国旗に対して敬礼しない自由」という最も異端的少数者の自由を、しかも戦時下において、また政府筋の反対を押し切って認めたのでした（一九四三年バーネット事件）。この判決は次のようにいっています。

「およそ公職にある者は（地位の高低にかかわらず）決して、政治・ナショナリズム・宗教その他につき、何が正統たるべきかを定めてはならず、また、市民に対して自分の思想・信条を言葉や行為によって告白させてはならない」

4　マンションの公職にある理事各位が本件「日の丸」掲揚を正統とし、またアンケートなどにより住民の「日の丸」に対する思想・信条の告白を求めてはならないことを付言します。

この「意見書」は総会の席上でコピーが配られ、提案者の「りりと」が読み上げたという。そして、司会者の理事から、「理事長！　この件についてどう思いますか？」と問われた理事長は、「私は止めるのは少し残念なんですけどね。祝日くらい日本人であることを覚えていたいと思って。でも、四回ほど掲げたらクレームが来て……」。そして「りりと」に向かって「この意見書に『理事会に対する憎しみをもたらす』とありますが、あなた、そんなに不快だったのですか？」

「はい」

このようにして、少数者の人権をないがしろにされがちな日本の精神的風土を、身近なところから変革していく、糾していくことをお互いのライフワークにしたいと思います。

マンションのリビングルームでぎゅっと拳を握り、片手を突き上げた「りりと」の叫びが聞こえます。

終わった！　通った！

【津地鎮祭違憲訴訟】

Ⅲ　最高裁と神々

1　大法廷

ここに、十五人の最高裁判所裁判官で構成される大法廷の開廷の模様を、さながらに描写した一文がある。

「法廷正面の、床よりもはるかに高い、そびえたつようなひな段の上には、これまた巨大な皮張りの椅子が十五席、傍聴席を圧倒するかのように、視界からははみでるほど横に広がっているのだった」

「やがて、中央正面の大扉がひらくと、列をつくって待機していたのであろう、**黒の法衣**[★1]を身にまとった、功成り名を遂げた老判事たちが姿をあらわし、影のように物音もたてずに、粛然として波が満ちるかのごとく中央の裁判長席から席についていいったのだった」（鎌田慧『この国の奥深く』、岩波書店）

この唯一の〝権威〟ある大法廷でいい渡される憲法訴訟の判決のうちあるものは、その後長きにわたってこの国の政治によきにつけ悪しきにつけ影響をおよぼしつづける。私が携わった大法廷事件の一つである一九七七年七月十三日の津地鎮祭「合憲」判決もそうである。

2　市主催の神式地鎮祭

〝神都・伊勢は津でもつ、津は伊勢でもつ〟の三重県津市の市長は、市民の税金である公金

★1　制服（法衣）—最高裁は一九四九年（昭和二十四年）「裁判官の制服に関する規則」で裁判官について新しく黒地の「制服」（法服）を定め、「裁判官は法廷において、制服を着用するものとする」と定めている。その理由は「法廷が非常に手続が厳粛にかつ秩序正しく行われなければならない場所であるということから致しまして、一方ではその公正さと人を裁く者の職責の厳しさをあらわすと共に、他方では、法服を着用することによりまして、裁判官自らそのような立場にあることを自覚させるもの」と説明されている。

を使って、市立体育館の建設予定地で、「神社神道」（神道の一宗派）の儀式である**「神式地鎮祭★2」**を主催した。普通は民間の建築業者が主催して、業者の費用で、工事の安全を願う地鎮祭を行っているのにである。

市長から依頼を受けた市内の大市神社の宮司ら四名の神職らは衣冠束帯《いかんそくたい》（公卿の正装）を着用し、それぞれの役をつとめた。

参加者は、約百五十名。主催者である津市の市長、助役をはじめ、市議会議長、市議会議員二十五〜六名、来賓として県知事、副知事、県議会議長、地元県会議員も参加した。その他、教育委員、商工会議所会頭、副会頭、自治会連合会長、建築業者の責任者、婦人会役員なども参加していた。

地鎮祭の進行は市職員である、社会教育課文化体育係長がつとめた。

さて、この地鎮祭は午前十時過ぎから次のように行われた。

司　会　者―起立の号令

修　　　祓―神職一名が一同の前に進み出て榊の枝をふる。参列者をきよめる趣旨である。参列者は軽く頭を下げている。

降神の儀　―神職一名が祭壇の前へ出て、何回かうやうやしくおじぎをする。祭壇の奥の榊に神々を招く意味である。

献　饌―神職二名が祭壇の前へ出て、一名は三方を持ち、一名は榊を振る。神々に酒、野菜、食物を供える儀式である。

祝詞奏上―神職が祭壇に向かって祝詞《のりと》を読みあげる。神々に対し土地のきよめと、工事の安全を祈るわけである。

清祓の儀―神職が参列者に向かって榊をふり、順次天幕の四隅を同様にして清めて行く儀式。

刈初めの儀―市長が、祭壇に向かって左手の盛土の上に植えてある枯草を刈る動作をする。荒地を切り開く儀式である。

鍬入れの儀―建設業者代表が前記盛土に鍬を入れる。荒れた土地を平にする儀式である。

玉串奉奠―市長、市議会議長などが順次祭壇の前へ進み出て、神職から渡された榊の枝を置いて柏手を打ち、礼をして戻る。

撤　饌―供えた食物や酒を下げる儀式。

昇神の儀―神々に天へ帰ってもらう儀式。

★2　地鎮祭―家を建てる際に、地面を突いてかためる・地がためをする前に、その土地の神をまつって工事の無事を祈願するまつり。

その後、参列者一同拝礼して午前十時四十五分ころあらかじめ西隣にもうけられた祝賀会用天幕へ行って祝宴（神道では直来・なおらいという）をしたのだった。

3　住民訴訟

市会議員の関口精一さん（当時五十歳）は、これより先、津市からこのたび着工の運びとなった津市体育館の「起工式」へ御臨席を賜りたいという白い角封筒入りの招待状を受け取っていた。

彼はかねてから津市が、水源地で水神を祀るために市有地に神社を設けて市の費用で毎年水神祭を行い市会議員も列席したりするなど、神道式行事を公の行事として行っていたことに疑問を感じていたが、今度は一体どんな起工式をするのだろうと思い、市社会教育課に確認をしたところ、「神式の地鎮祭」をやるということが分かった。

この津市主催の地鎮祭に出席してみた関口さんは、これはまさに「国及びその機関は……いかなる宗教活動もしてはならない」と定めている憲法の政教分離原則や信教の自由に著しく反するのではないかと考えたという。彼は無宗教者であるのにどうしてこのような政教分離原則とか信教の自由に関心をもったのであろうか。関口さんには次のような原体験があった。「戦時中、私たちの中学では何かあると集団で神社参拝しましたが、クリスチャンの教師は参りませんでした。鳥居の所にいて境内に入らない。当然なことですが、当時としては異様な、天皇制に反対する悪い教師ということになって、結局やめていきました。また、大学を卒業後勤務した所は、みんな武器・弾丸などを作る軍需工場ですから、毎朝伊勢神宮と宮城遥拝をやらせましたし、米軍の空襲に備えて工場ごと津に疎開・引っ越したときは、会社が金を出して伊勢神宮参拝をやらせました。しかし、私はそれを全然やりませんでした。そういった抵抗体験があるからこそ、市議になって市の地鎮祭に対して異様な思いをもたざるをえなかったのです」。

そして、関口市議は、市の教育委員会管理課の課長に会い、体育館建設の予算の内訳を問い質した結果、この津地鎮祭の挙式費用七千六百六十三円（神職への報償金四千円、供物料三千六百六十三円）が市の公金（市民の支払った税金）から支出されていることが分かった。ちなみに、「供物」にはトマト、ナス、キュウリなど地面の上にできるものと、大根、イモなど地面の下にできるものがあるという。

ところで、国の機関である市区町村が主催する地鎮祭が憲法の定める信教の自由や政教分離原則に違反すれば、そのための公金の支出も違法となる筋合いである。そこで、関口さんは津地裁に市長を被告としてこの公金を市の金庫に返還するよう求める、当時の住民訴訟を提起した。この住民訴訟は米国の納税者訴訟を参考にして地方自治法に定められた特別な訴訟形態であるが、日本では納税者（タックスペイヤー）でなくとも、定められた手続を踏んだ住民であれば提訴できる。

さて、関口さんが弁護士に依頼することなく提訴したこの本人訴訟で、津地裁はおよそ次のように判決している。

本件地鎮祭は、「外見上は、神道の宗教的行事に属することが否定できないけれども、その実態を見れば、神道の布教宣伝を目的とする宗教的活動ではもちろんないし、また宗教的行事というより、ただ工事の安全を願い従来の慣行に従い実施したにすぎないので、習俗的行事と表現した方が適切であろう」というのである。そして、地裁の三人の裁判官は、本件市主催の地鎮祭は、宗教に関する憲法原則に背くものではないと判決したのであるが、その理由付けはこのようにきわめて簡単かつ、単純なものであった。ただ、この判決は「憲法に抵触する疑いを少しでももたらすような支出はつつしむべきであり……本件のような経費を公共団体の予算から支出することは妥当とはいえない」と付言してはいた。

4　ミニ靖国訴訟

日本における、初の本格的な政教分離原則侵害事件であるこの津地鎮祭違憲訴訟の依頼を私が受けたのは、控訴審の名古屋高裁になってからであった。靖国神社法案が初めて国会に提案された一九六九年（昭和四十四年）のことである。この法案は軍人・軍属・戦病死者が祀られている靖国神社が国家・社会の崇敬の対象たるべきだという自民党の票田である「日本遺族会」の強い要求に基づいて立案された法案である（田中伸尚・田中宏・波田永実『遺族と戦後』、岩波新書）。他の宗教団体と同様に、民間の一宗教法人とされていた靖国神社を日本政府の管理下に移し、政府が昔日のように英霊を慰める儀式・行事を行い、国が経費を負担するなどを定めていた。国家神道時代の宗教的迫害を想起させるこの靖国神社国営化法案には神社人を除く日本中の大方の宗教者がかねてから反対していた。時の佐藤栄作自民党総裁あての靖国神社法案を国会に提出しないよう求める「要望書」には、浄土真宗本願寺、日蓮宗ほか仏教の各宗派、教派神道、立正佼成会等の新宗教、プロテスタント、カトリックなどキリスト教の各宗派、そして同志社大学、立教大学、ＹＭＣＡなどの関係者がこぞって名を連ねていた。

このころ、ベトナム戦争でニクソン大統領は、ベトナム人民の攻勢にあい、政治的、経済的に立ちいかなくなるとアジア政策を転換せざるをえなくなり、アメリカの同盟国に自分の国は自分で守るよう自主防衛を強調した（グァム・ドクトリン、ニクソン・ドクトリン）。これを受けて佐藤内閣の中曽根防衛庁長官のもとで、当面自衛隊員の士気を高め、国を守る気概をもたせることを当面の重要な課題としていた。このような政治状況の下で戦死を美化する靖国神社法案が早急に成立しかねない状況となっていた。

私は、その頃、東京渋谷の日本基督教団美竹教会（当時浅野順一牧師・青山学院大学教授）での友人であった小池健治弁護士、松浦基之弁護士と共に、信教の自由・政教分離原則を侵害する靖国神社法案反対のシンポジウムにしばしば参加していた。このシンポで宗教学者佐木秋夫氏は、津地鎮祭訴訟を「ミニ靖国訴訟」としてレポートされるとともに、当時、名古屋高裁で関口氏の代理人として孤軍奮闘していた名古屋の原山剛三弁護士が、東京で靖国問題と取り組んでいる弁護士の応援を求めていると話された。この機会に私は小池・松浦両弁護士と共に無宗教者である関口さんの訴訟代理人を受任し、すでに靖国シンポで学習していた国家と宗教の関係史や各国の立法例などをもとに、早速に法廷闘争を始めた。司法研修所同期の友人でカトリック教徒の更田義彦弁護士が、控訴審になって補助参加した十一名の津市民の代理人を引き受けてくれた。また、空海が開祖した真言宗住職でもある羽生雅則弁護士も加わってくださり、無宗教者の原告のための異例な政教分離弁護団が結成された。また、先輩の宮原守男・藤原寛治弁護士の協力も得た。津市長側代理人は地元津市の樋口恒通弁護士であった。

一九六九年十月十七日名古屋高裁は、東京高裁で出張尋問を行った。裁判所の職権で在京の鑑定人和歌森太郎（民俗学者）および佐藤功（憲法学者）並びに弁護団申請の鑑定人高柳信一（憲法学者）が、それぞれ鑑定意見を述べた。その後、名古屋高裁で新井隆一（憲法学者）や国家神道時代に宗教弾圧を被った生き証人である日本基督教団初代総務局主事の滝沢清老牧師（明治三九年生）、法衣を纏い証言台に立ち仏教の地鎮式は布教の一環であると証言した僧侶菅野啓淳証人、牧師の司式によって行ったキリスト教式起工式は、礼拝であることについて証言した会社役員今村高五郎証人、政教分離原則の風化を証言した靖国神社問題連絡会議議長の飯坂良明学習院大学法学部教授等の証言により審理をつくした。また、京都地裁での出張尋問で、国家神道時代の政府見解のとおり「神社神道は宗教ではない」とする大石義雄（国法学・憲法学者）の鑑定尋問も行った。

その頃、かつて国家神道のもとで宗教弾圧を受けた教団が属する新日本宗教団体連合会はじめ、反靖国運動の市民の間に「津地鎮祭違憲訴訟を守る会」ができ、全国各地に会員を募り、機関紙を発行し、裁判支援のカンパ活動も始まった。傍聴席はいつも満席であった。「国及びその機関」の「宗教的活動」をめぐる論争を記述したこの裁判の準備書面や証言調書が、裁判ごとに次々発行され、反靖国運動の参考にされた。私は、小池弁護士と共に、全国各地で活発に催された反靖国憲法集会で講演を依頼され裁判報告にも多忙を極めた。

5 「マイノリティの人権」の主張

マイノリティ（少数者）の人権の主張を始めたのはこの裁判のときからである。名古屋高裁での最終準備書面に遠慮深く「マイノリティの人権」という小見出しのもとで、種々論じたことを懐かしく思い出す。小見出しにしたのは、多数決で事柄が決まっていく社会で「少数者の人権」という大見出しをつけることは、当時、はばかられたからである。その主張は次のとおりであった。

「……マイノリティの権利の確保ということが人権規定の根底にあることは異論あるまい。たとえ少数者であっても、彼らが宗教的自由・無宗教の自由を侵害されたと訴えるとき、その少数者の自由を保障するのが正に人権条項であろう。とくに精神生活の自由に関する人権条項は厳格に解釈されなければならないと思う」。「若し仮に裁判所が大部分の国民が神社神道による地鎮祭に馴染んでいて少しもこれに違和感を感じていないのだから、この程度は構わないのではないかと考え、この神式儀式に異議申立をしている控訴人関口精一及び参加人である津市民十一人らの主張を排斥する態度に出るとすれば、それは人権の本質についての理解を欠いた態度といわなければならない」

判決は、一九七一年五月十四日と指定されたが、もう一つ気がかりなことがあった。ふり返ってみると、靖国神社法案はこれより先一九六九年六月三十日、自民党衆議院議員による議員立法として、国会に提出されたものの廃案となった。しかし、その後一九七四年までこの法案は五回にわたり提出、廃案がくり返された。この間、与野党間のやり取りが次第に緊迫の度を強め、衆議院内閣委員会で初めて提案理由の説明がなされるところまで手続が進んだ一九七一年五月十四日、名古屋高裁は本件の控訴審判決を下すこととなったのである。

〝ミニ靖国訴訟〟といわれて世間の関心を集めていた市主催の神社神道式地鎮祭について万が一「合憲」判決が出るとすると同じ神社神道である**靖国神社国営化法案**★3の国会審議に重大な影響をおよぼすことになりかねない。与党は勢いづき今国会で同法案は成立してしまうかもしれない。在京弁護団の一人として、その日東京から名古屋へ向かう車中、私はこの憲法訴訟の政治的影響を思い責任の重さを知り身の引き締まる思いがした。懐には万一の場合に備えて

★3　靖国神社法案の廃案――一九六九年以降、毎年国会に提案された靖国神社法案は一九七四年に廃案となったあと再度提案されることはなかった。

密かに〝上告状〟を用意していた。「合憲」判決となれば、原告（控訴人）本人に事情を打ち明け、即時上告手続を執りこの〝合憲〟判決は未だ確定したものでないことを世間に示そうという、当時三十代の弁護士のけなげな気配りであった。

6　住民側逆転勝訴

ところが、案に相違し、名古屋高裁の伊藤淳吉裁判長、宮本聖司、土田勇両陪席裁判官は、弁護団が先に主張していたマイノリティの人権の主張に真正面から答え、格調高い違憲判決を下した。

「国又は地方公共団体のする特定の宗教的活動が大部分の人の宗教的意識に合致し、これに伴う公金の支出が少額であっても、それは許容される筋合いのものではない。なぜならば、そのことによって残された少数の人は自己の納付した税金を自己の信じない又は反対する宗教の維持発展のために使用されることになり、結局自己の信じない又は、反対する宗教のために税金を徴収されると同じ結果をもたらし、宗教的少数者の人権が無視されることになるからである。このような少数者の権利の確保が、個人の尊厳を基調とする人権規定の根底にあり信教の自由を保障する規定の基礎にあるわけである。人権に関する事がらを大部分の人の意識に合致するからといった、多数決で処理するような考え方は許されるはずがない。本件において、津市が地鎮祭を神社神道式で行ったところで、とりたてて非難したり重大視するほどの問題ではないとする考え方は、右に述べたような人権の本質、政教分離原則を理解しないものと言うべきである」（判例時報No.六三〇）

この地鎮祭を違憲とし住民側を勝訴させた名古屋高裁判決のとりわけこの部分は、憲法学者やマスコミはもちろん国民各層の共感を呼んでいた。

7 「歴史的考察」

さらに、住民勝訴の名古屋高裁のこの判決は、弁護団の主張立証を非常に分かりやすく整理し、日本の政教分離原則の意義について「歴史的考察」の項目を設け次のように詳細に判示していたことが注目される。

「わが国において、政教分離原則を正しく理解するためには、戦前、戦中における神社神道と国家権力との結合がもたらした種々の弊害との関連で、これが憲法上明文化されたことを想起しなければならない」。すなわち、「明治元年（一八六八年）、新政府が祭政一致を布告し……全国の神社をくまなく新政府の直接の支配下に組み入れ、神道国教化の構想を明示した。明治二二年（一八八九年）旧憲法が発布された時には、わが国の法制上は国教が存在せず、各宗教間の平等が認められていたのに拘わらず、事実上は神社を国教的取り扱いにした国家神道の体制がすでに確立しており、神社を崇奉敬戴すべきは国民の義務であるとしていた。以後昭和二〇年（一九四五年）の敗戦に至るまで約七〇年間、神社は国教的地位を保持し、旧憲法の信教の自由に関する規定は空文化された。その間に制定された治安維持法、宗教団体法、警察犯処罰令等の下で、大本教、ひとのみち教団（現在のＰＬ教団）、創価教育学会（現在の創価学会）、法華宗、日本キリスト教団ホーリネス教派などは、安寧秩序を紊《みだ》し、臣民たるの義務に背き、国家神道の体制に反するということで厳しい取締、禁圧を受け、……戦時中、神社参拝を通じて信仰を強制し、憲法で保障する信教の自由は極度に侵害され、国家神道がいわゆる軍国主義の精神的基盤になっていたことは一般に顕著な事実である。それ故に、昭和二〇年一二月一五日、連合国軍最高司令部は、『国家神道（神社神道）ニ対スル政府ノ保証、支援、保全、監督及弘布（広く告げ知らせること）ノ廃止ニ関スル覚書』を発した。右覚書によって、国家と神社神道の完全な分離が命ぜられて、神社神道は一宗教となり他の一切の宗教と同じ法的基礎のうえに立つこと、そのために、神道を含むあらゆる宗教を国家から分離すること、……公的資格における公務員の神社参拝の禁止等の具体的措置が明示された。ここに国家神道の廃止を主眼とする徹底的な**政教分離**[★4]、信教の自由の保障への道が開かれたのである」

名古屋高裁の三人の裁判官は、このような「歴史的考察」により、日本国憲法の政教分離原則は厳格に解釈適用されなければならないと判示しているのであり、この点も憲法学者が高く評価しているのである。

★4　高僧の説く政教分離―歴史家家永三郎先生は次のように指摘している（「地鎮祭訴訟判決と精神的自由権」『最高裁と神々』所収、新教出版社、一九八〇年）。

聖徳太子著『法華義疏《ほっけぎしょ》』「国王王子大臣官長に親近《しんごん》せざれ。是れ驕慢《きょうまん》の縁なればなり」（「驕慢」は、おごり高ぶること。「驕」は自分のことを自ら誇ること、「慢」は他と比較して誇ること）。なお、本著は日本最古の書物といわれる（六一五年）

親鸞著『教行信証《きょうぎょうしんしょう》』「出家の人の法は、国王に向かって礼拝《らいはい》せず」（一二二四年）

道元著『正法眼蔵《しょうほうげんぞう》』「帝者に親近せず、帝者に見《まみ》えず丞相と親厚ならず、官員と親厚ならず」（一二五三年）

これら高僧の説示は、米国最高裁のブラック裁判官の論旨を思わせる。公立学校の教室における祈りを政教分離原則に違反し違憲と判示し「およそ宗教というものは、政府の後ろ楯を持つことによって堕落する、本当の意味での宗教ではなくなる」というのだ。

8　住民側逆転敗訴──十対五の「合憲」判決

名古屋高裁で敗訴した津市長は、最高裁判所に上告。

被上告人の関口精一さんの常任弁護団に山川洋一郎弁護士が加わり、政教分離原則をめぐる米国判例の法理を精査し主張することになった。

一九七六年十二月八日、私は大法廷弁論の冒頭で、法衣を纏った十五人の最高裁判所裁判官を前に弁護団を代表し次のような指摘をした。

「論点に入る前に明らかにしておきたいことがあります。それは、私どもは『神式地鎮祭』そのもの或いは『神社神道』そのものを非難しているのではなく、この特定宗教による儀式を、建設業者が主催して行うのではなく、国や地方公共団体が公金を使って主催すること、ひいては国や地方公共団体が宗教と結びつくことを批判しているのであります。

憲法二〇条三項は『国及びその機関は、宗教教育その他いかなる宗教的活動もしてはならない』と規定しているからであります。

なお、上告代理人らが非難するいわゆる神道指令も国家と神社神道とが結びつくことを禁止したのであって、その第二項の（2）には『神社神道ガ日本人個人ノ宗教ナリ或イハ哲学ナリデアル限リニ於テ、他ノ宗教同様ノ保護ヲ許容セラレルデアロウ』と記されていることを指摘しておきます。

付言しますと、一週間程前、一二月一日私の事務所に地方の神職の方から一通の激励文が配達されました。この方は、先程傍聴席でお逢いしたのでありますが、三重県鈴鹿市の田中英一さんという、五〇年程の神職の経歴をもつお年寄りです。戦時中の国家神道を『宗教悪』であると評され、再び神社が国や市町村と結びつくことによって、神道の真実の信仰が失われはしないかと心配され、信教の自由と政教分離を万民と共に守りぬきたい、と手紙に書いておられます。われわれは神社神道そのものを非難しているのではなく、神職の方もわれわれを支援していることを述べ論点に移ります」

しかし、一九七九年三月二十二日、最高裁大法廷の十五人の裁判官の内十人の裁判官の多数意見は、この津市の神式地鎮祭を「宗教活動」ではなく、建築に伴う「世俗的行事」（習俗）と評価することによって、第一審判決と比べれば、詳細な理由付けをしているものの、神式地鎮祭は神道の布教宣伝を目的とする宗教的活動ではなく、習俗的行事であるという、結論的には第一審判決を支持したのである（佐藤功「津地鎮祭『合憲』判決批判」『最高裁と神々』所収、新教出版社)。

この、最高裁判所大法廷の「功成り名を遂げた老判事」十名の判決文には、原審名古屋高裁判決のような国家神道体制における、少数者の信教の自由侵害の具体的かつ詳細な「歴史的考察」を設けることなく、この原則を厳格に解釈しないで、一審同様の津市長側勝訴の多数意見を判示するに至っているのである。

9 「少数者の人権」の意味

津市長側は「『少数者の権利』の保障が大切であることはいうまでもないが同様に『多数者の権利』を尊重し、それを保障することも大切である」と主張していた。しかしわれわれは「多数者の権利」と対比して「少数者の権利」ということを言っているのではない。「少数者の権利」という場合、そこには多数決でも奪うことのできない**基本権**[★5]というものがあるのだ、という考え方があるのであり、それが「少数者の権利」という表現をとっているわけである。近代の政治思想史や法思想史で「少数者の権利」ということがいわれる場合、少数者の権利と多数者の権利とを比較衡量したりするという仕方で「少数者の権利」ということがいわれているわけではない（美濃部達吉訳・イエリネック『人権宣言論外三篇』、日本評論社、一二〇頁参照）。

10　五裁判官の「少数意見」

十対五の合憲判決により住民側が敗訴したのであるが、この多数意見に対し、藤林益三、吉田豊、団藤重光、服部高顕、環昌一の五裁判官は原審である名古屋高裁と同様な「歴史的考察」をし、「国家神道は、いわゆる軍国主義の精神的基盤ともなっていた」とも判示し、日本国憲法の政教分離原則は厳格に解すべきであるとし、曖昧な解釈をしている多数意見を非難した。藤林裁判官は次のように判示している。「たとえ、少数者の潔癖感に基づく意見と見られるものがあっても、かれらの宗教や良心の自由に対する侵犯は多数決をもってしても許されないのである。そこには、民主主義を維持する上に不可欠というべき最終的、最小限度守られなければならない精神的自由の人権が存在するからである」。

このような少数者の人権を無視した多数意見に対して、マスコミも疑問を投げかけていた。

一九七七年七月十三日判決の翌七月十四日の各紙の社説は次のように主張している。

★5　基本権――人間の生存にとって欠くことのできない権利または自由で、憲法によって保障されたもの。人権ともいう。

「判決は、政教分離に、甘い基準を設けたが、それには強い疑問を抱かざるを得ない。……判決のように『祈り』と『既存の宗教方式』を伴った行為ですら、宗教行事でなく、世俗的行事とみなすならば、国家と宗教の結びつきに対する歯止めはなくなってしまう。地鎮祭に限らず、宗教的色彩を帯びた行事には、今後とも公権力や公金がかかわりを持つべきではない」（読売）

「判決は合憲と出たが、むろん、法的に許されるということと、公機関が地鎮祭を行うことが、妥当であるということとは別問題である。今回の判決で、五人もの裁判官が『違憲』を主張していることも忘れてはならない。公機関の地鎮祭主催は、これまで通り避けるのが妥当である、と考える」（朝日）

「最高裁判決が出たからといって、国や自治体が、にわかに神式起工式などを大手をふって復活させたり、神道が特別な社会的地位をもったりするとも思われない。しかし、公的機関がこうした問題でことさら世論の対立を生ずることのないよう、常に細かな配慮をもって取り組むことが、現実的な、分別ある行政の姿勢、といえるのではないだろうか」（毎日）

このように「地鎮祭」判決の五裁判官の少数意見が、世論の高い評価を受けていることは、少数者の人権の保障を説くこの少数意見の方向にわが国の人権の歴史が流れていることの表れと受け取れる。

今回の津地鎮祭の大法廷判決は、そのような社会の動いてゆく方向に最高裁大法廷多数意見の権威をもって干渉介入し、その歴史の流れをはばむものではないだろうか。この大法廷判決に私は、一市民として一番腹を立てているのはそこのところである。

裁判官個人の心理が排斥するようなあまりにも潔癖な少数者の思想に対してこそ、自由を与える方向に重点をおいた司法判断が、全体を個に優先させがちなこの国の精神的風土に、民主主義を深め根づかせるため、強く求められているのではなかろうか。

三淵忠彦初代最高裁長官は、一九四七年八月四日、就任の日の「国民諸君への挨拶」のなかで次のように述べていた。裁判官は「法律の一隅にうずくまってはならず、眼界を広くし、視野を遠くし、政治のあり方、社会の動き、世態の変遷、人心の向き様に深甚の注意を払って、これに応ずるだけの識見、力量を養わねばなりませぬ」と説いていたのである。「人類の多年にわたる自由獲得の努力」の歴史の向かうべき方向を見極め、違憲立法審査権（憲法八十一条）を行使するための識見・力量を養わんとした、あの「初心」は、今、どこへ行ったのであろうか。

11　苦い乾杯

感謝する会

一九七七年七月十三日、津地鎮祭違憲訴訟について、最高裁大法廷の十名の裁判官は名古屋高裁の違憲判決を取り消し、合憲判決を下して住民側を逆転敗訴させた。大方の憲法学者の予想にも反する判断であった。

それから数日経った夕暮れ、この住民訴訟を支援していたキリスト者のあるグループの「弁護士さんに感謝する会」に招かれた。裁判は「負けた」のにである。もちろん、ビールも出た。この裁判を担当して九年になるが、このような出来事は未だかつてなかった——名古屋高裁で勝訴したときでさえも。

苦い乾杯のあと、長かった裁判の思い出話が次々に出た。そして今後のことに話がおよぶと、違憲判断を示した五名の裁判官（藤林、吉田、団藤、服部、環裁判官）の少数意見を、次の法廷では多数意見とするために「これまで以上に弁護士さんに頑張って貰わねば」ということになってきた。「感謝する会」は弁護士という名の知能労働者を「叱咤激励する会」に変わった。どうやら主催者は最初からそのつもりであったらしい。判決後の朝日ジャーナル（「『地鎮祭は合憲』で鎮まらない人々とその意見」、七月二十九日号）はこう報じていた――敗訴したにもかかわらず、原告や弁護士、政教分離の侵害を監視する会の人びとには「まるで落胆の気配はない」「これが第一歩です、と意気軒高たるもの」。

十五人の〝中央決起大会〟

さて、思いがけない人びとにビールをつがれながら、この長い裁判でいくつかの忘れ得ぬ思い出話をした。

この裁判の思い出話の一つは、名古屋高裁判決を前にした一九七一年四月十八日、東京大久保の婦人矯風会館の講堂で開催された「津地鎮祭違憲訴訟を支援する中央決起大会」である。講壇にはこの十九文字を墨黒々と大書した横断幕が掲げられていた。ところが収容人員百五十名の大講堂に集まった支援者は、テレビ局の記者が取材に現れたとき、わずか十五人程度であった。彼は気の毒そうに言った――「先生、これはしんどい裁判ですね」。その助手はガラガラの観客席は写らないように横断幕のある講壇だけを写していた。この頃は、友人の進歩的な弁護士でさえ「地鎮祭？　ありゃ習俗だよ」と嘲笑的な笑みを浮かべて、いわれなき裁判だと言わんばかりの態度を示していた。ところがである。一か月後の五月十四日、時あたかも靖国神社法案が国会に提出されるという政治状況の下で、かつ、「青法協狩り」など、憲法に忠実であろうとする**「青年法律家協会」**（29ページ注参照）所属の若手裁判官の独立が脅かされていた司法の危機的状況のまっただなかで、名古屋高裁はわれわれの主張を全面的に容れてこの神式地鎮祭について違憲判決を言い渡した。数日後、東京市ヶ谷の私学会館の大会議室で開かれた判決報告集会は満席であった。勝てば官軍である。またそれまでは憲法の教科書には、どれを調べても「地鎮祭」の文字は見当たらなかった。今では「地鎮祭」について論じていない憲法の教科書は見当たらない。司法試験問題にもなっている。お前の葬式をやってやると誰かがいったら、こう頼もう――「あの婦人矯風会館でナ、十五人程度でいいんだヨ」。どうやらビールの酔いがまわってきたようだ。

『神のたそがれ』

あの夜の会で披露したこの裁判の思い出話をもう一つ記そう。この訴訟で原告の関口精一さんは慰謝料請求もしていた。彼は無宗教者なのだが、市会議員としてこの神式地鎮祭に招待され参加した。これによって被った精神的苦痛を原告本人尋問で立証しようとしたときのことである。

問「この式には、知事、県会議長、あるいは婦人会長、町の自治会の連合会長等も参加されたということですが、この式場へ市会議員であるあなたが行かれない場合、何か偏屈者だというようなことを言われそうだというような感じは持っていたのですか。持っていなかったのですか」――一体のいい誘導尋問である。

原告の答「……そういうことは全然考えておりません。むしろ積極的な意味で私は出て、市政のあり方をずっと見守っていく義務があるというような考えでおります」。誘導尋問は失敗である。

さらにちぐはぐなやりとりが続くのだが、最後にこういう趣旨の問を発してみた。「……神式地鎮祭に参加することは……自分の信条にも合わないし、非常に不快であるというような感情は持たなかったのですか……」――無神論者は笑いながら答えた。

「それは私としては……不快という意味より嘲笑的な気分のほうが強かったといえるでしょうが……」。凧は、ついに糸を切ってあらぬ方向へ飛んで行った。さすがの名古屋高裁も原告の慰謝料請求はこれを棄却した。

ところで彼は、まだ独りぼっちの法廷闘争を続けていたところ、国家と「神」との結びつきを断つこの裁判の資料を本にした。その表紙には唯物論者の著者らしく『神のたそがれ』と大書してある。その後、神を信ずるものも、そしてこころある老神職さえも「ミニ靖国訴訟」「少数者の人権を護る裁判」と愛称されるこの裁判の支援に連帯するようになり、この本は多くの人びとの手に渡った。そうなってからのことである。彼がぽつりこうつぶやくのを聞いた――『神のたそがれ』はまずかったな。ふと口をついて出たこの彼の述懐は、原告自身がこの裁判によって裁かれ自己変革したことを意味する。もう彼は自分の信じない宗教を嘲笑するような証言はしないであろう。私自身、これまで誰も異議を唱えなかった神式地鎮祭といういわば日常的な事柄に関するこの裁判を担当したことによって、複数の価値の同時存在の是認＝少数者の人権保障という民主政治の根底に初めて自分の手で触れ、その大切さを実感し得た思いがする。この実感をあの十名の裁判官に代表される人びとと共有する日が来るまで、今宵のこの苦い乾杯、幾度でも重ねよう。

12　地搗《じつき》音頭で起工式

勝訴した側の岡村初博津市長は判決後の記者会見でこういっている。

「合憲判決が出たからといって、あえてもう一度やるということはない。疑わしきものについては今後とも避けていく方針だ」

あの大法廷の〝老判事〟たちが守ろうとした〝神国〟日本の精神的風土はこの憲法訴訟によって変革された。その後の津市における新市庁舎の起工式は各紙の報道によると神式地鎮祭に代わり「宗教色は全く抜き」「全市民参加」の江戸時代から伝わる「地搗音頭で起工式」ということに相成った。「この日、地搗音頭のただ一人の伝承者富岡収蔵さん（七十三歳）も赤い烏帽子《えぼし》に陣羽織という古式通りのいで立ちで元気いっぱい参加。『さてこんにちは、どなたさまにもヨイヨイ、ご当家さまには、永の願いが成就して、本家再建、地固めにつきましてヨイヨイ……、こんなめでたいことはないヨイヨイ』と口上、祝賀ムードは最高潮」（一九七八年二月二十四日『伊勢新聞』）。

【愛媛玉串料違憲訴訟】

Ⅳ　靖国訴訟

1　住民側逆転勝訴——十三対二の「違憲判決」

愛媛県の白石春樹知事は、一九八一年から一九八六年にかけて、靖国神社が挙行する例大祭や県護国神社が挙行する慰霊大祭に際し玉串料、献灯料または供物料を十三回にわたり合計七万六千円を公金（県民の税金）から支出していた。この行為は政教分離原則に違反するものとして、浄土真宗の僧侶安西賢二さん（当時五十一歳）を原告団長とする愛媛県の市民団体が、地方自治法の規定に基づき住民訴訟を提起した。

この靖国訴訟で、一九九七年四月二十二日、最高裁判所裁判官十五人中十三人が、政教分離原則の「歴史的考察」を鋭くなしたうえ、明確な違憲判断を示した。

高裁で勝訴していた知事側は、最高裁における津地鎮祭事件の十人の裁判官の多数意見に添って、本件公金の支出は靖国神社に合祀されている戦没者の慰霊および遺族の慰謝という世俗的な目的で行われた社会的儀礼にすぎないものであるから、憲法に違反しないと主張した。

しかし、今回、最高裁大法廷の十三人の裁判官の多数意見は、そのような意味合いがあることも否定できないが、「明治維新以降国家と神道が結びつき種々の弊害を生じたことにかんがみ政教分離規定を設けるに至ったなど、憲法制定の経緯に照らせば、たとえ相当数の者がそれを望んでいるとしても、そのことのゆえに、地方公共団体と特定の宗教との関わり合いが、相当とされる限度を超えないものとして憲法上許されるとはいえない」と断定した。「戦没者の慰霊及び遺族の慰謝ということ自体は、本件のように特定の宗教と特別の関わり合いを持つ形でなくてもこれを行うことができると考えられる」とも判示している。

一九七七年七月十三日の津地鎮祭大法廷の十対五の住民側逆転敗訴の「合憲」判決の「苦い乾杯」からおよそ二十年後に、逆転して十三対二で住民側逆転勝訴の「違憲」判決となったのである。

この間、内閣総理大臣靖国神社参拝違憲訴訟など、多くはあの津市の地鎮祭を「合憲」とした最高裁裁判所大法廷判決の影響を受け、住民側敗訴の法廷闘争を各地で続けてきた市民にとって、これは実に感慨深い住民側勝訴の大法廷判決であった。人権の歴史は、多少のジグザグはあっても、必ず前進する事を確信したい。

闘　争

弱虫で強がりな
虎が　曲りくね
ったデモクラシ
ーの道を　うな
だれていくよ
今日も破れたけ
ど　見てごら
ん　また闘うよ

2　愛媛玉串料違憲訴訟の背景

①　靖国神社法案の廃案

「日本遺族会」の強い要望に基づいて自民党の議員立法として提出されていた「靖国神社法案」は、衆参法制局の違憲判断もあり、当時の政治状況から一九七四年、すでに廃案となっていた。

この法案は、民間の一宗教法人とされていた靖国神社を日本政府の管理下に移し、政府が昔日のように「英霊」（戦死者の霊）を慰める儀式行事を行い、国が諸経費を負担することなどを定めていた。

②　内閣総理大臣の靖国神社参拝

靖国神社法案が廃案になると、翌一九七五年八月十五日、第六十六代総理であった三木武夫は総理としては初めて敗戦記念日に「英霊」を合祀する靖国神社に参拝した。その際、私的参拝四条件（公用車不使用、玉串料を私費で支出、肩書きをつけない、公職者を随行させない）による「私人」としての参拝であることを強調していた。これに対し、靖国神社国営化法案を断念した日本遺族会は「英霊に答える会」を結成して「首相と閣僚による公式参拝」を要請する運動を展開した。

一九八五年八月十五日、第七十二代総理であった中曽根康弘は他の閣僚らとともに新たな方式に基づく公式参拝を行った。すなわち、正式な神式ではなく省略した拝礼をし、玉串の代わりに生花を供えその実費を公費から支出することは、憲法の政教分離原則に違反しないという解釈の参拝であった。

しかし、中曽根はその後は参拝をしていない。翌一九八六年八月十四日の官房長官談話において「公式参拝が日本による戦争の惨禍を被った近隣諸国民の日本に対する不信を招くため」とされていた。

第八十七―八十九代総理であった小泉純一郎は、二〇〇一年八月十三日の首相就任後、秘書官同行のうえ公用車で靖国神社を訪れ「内閣総理大臣小泉純一郎」と記帳、献花代三万円を納め参拝後、公私の別を問われ「公的とか私的とか私はこだわりません。総理大臣である小泉純一郎が心を込めて参拝した」と述べていた。小泉首相はこの後、私的参拝であると表明していたが、二〇〇六年八月十五日まで前後六回にわたり靖国神社参拝をくり返していた。

③平和保障の原則

ところで、大日本帝国憲法下で国教扱いされた神社神道は、「神聖ニシテ侵スベカラズ」（同憲法三条）とされた天皇が支配する神国の日本民族（大和民族）は、他民族、他国家を征服し支配する神聖な使命を持っているという選民思想に発展し、日本帝国主義は「聖戦」と称する「大東和戦争」に突入したのであった。そこで、日本の政教分離原則はこのような神道の教義からの軍国主義的・超国家主義的思想の排除を目的として定められた、いわば平和保障の原則と解される。

「超国家主義」というのは、国家を最上の存在として個人をこれに従属させることを是認する政治原理であり、「国粋主義」と結びやすく、自国の歴史・文化・政治を貫く民族性の優秀性を主張し、民族固有の長所や美質と見なされるものをたたえて広く世間に知らせ、その維持・顕彰をはかる考え方である。少数者の人権保障の原則であり、平和保障の原則である日本の政教分離原則は、神道と国家との結びつきを禁止し、国民に対する超国家主義、国粋主義による精神支配の台頭を防止することを目的としているといえよう。

ところが、九〇年代になって、近代日本の戦争を近代化の必然であったと弁護し、日本の国益を第一に考え、国民に対して国家への忠誠を求める新たな国家主義が政治を動かし、その歩みが加速されている。ここに、九〇年二月に開かれたある公立小学校の職員会議録がある。《教頭・これからは入学式、卒業式の式次第に国歌斉唱を入れる。新学習指導要領で「望ましい」が「指導するものとする」へ変わるのでいれてもらいたい……式の最初に国歌を斉唱させるのは、日本の、東京の、この地域の小学校であるという国家への〝所属感〟を味わわせるという意味からである。》

④　小泉靖国参拝の企図

ところで、二〇〇二年四月二十一日の小泉総理の靖国参拝について、大阪高裁判決は次のように事実認定している。この日、小泉総理はマスコミが未だ来ていない早朝に靖国神社に出向いたのであったが、大阪高裁判決の事実認定によれば「靖国神社に到着後、約一時間もテレビの取材陣が到着するのを待って参拝している」というのである。この事実からもうかがい知れるように、総理の靖国神社参拝は国民に国家への所属感を味わわせる新国家主義の参拝と受け取れるのであり、日本の政教分離原則がまさに防止しようとしている民族宗教による精神的支配の一環であることに気づかなければならない。それは、「目で見せる実感のある教育」に外ならない。
そして、愛媛県知事の「県民を代表した形」での公金（県民税）をもってなされた靖国神社への玉串料支出は、地方自治体の住民とヤスクニとの結びつきを緊密なものにすることを企図したものと受け取れる。ちなみに、愛媛県知事は、靖国神社法案の成立を強く要望し、同法案廃案後は「英霊に答える会」を結成し、「首相と閣僚による靖国神社公式参拝」を要請する運動を展開してきた「日本遺族会」の支部としての役割も果たしている愛媛県遺族会の会長である。

考えるに、戦争のできる普通の国を目指し、首相や皆で靖国神社に参拝する閣僚や国会議員らがくり返す靖国参拝の真の目的は、今後相当の時間をかけて、国民のあいだのこれまでの九条の平和主義の精神を打ち壊し、戦争のできる国の国民とすることにあると受け取れる。そのために、テレビに映る「公人」の靖国参拝という「国民の目に見える教育」により、国および国民一心となって戦没者を追悼し、滅私奉公（全体主義）の道徳の復活をもくろんでいると受け取れる。

ちなみに、『防衛実務小六法』に「予備自衛官の招集手続に関する訓令」が収録されている。この「予備自衛官」を志願した市民は普段は民間の企業に勤務していたり、公務員として働いていたりして、時に自衛官としての訓練を受けている。自衛隊法（七十条）によると、内閣総理大臣は、集団的自衛権の行使を含む有事の場合、自衛隊に「防衛出動命令」を発するのであるが、その場合、防衛大臣は、民間の予備自衛官に対し「出頭日時」と「出頭場所」を特定した「防衛招集命令書」による招集命令を発することになる。この防衛招集命令書の「用紙の色は淡紅色とする」、つまり淡い「赤い色」とすると指定されている。今の自衛隊と予備自衛官は「志願制」であるが、昔の「徴兵制」の下での「赤紙」が復活しているのである。そればかりでなく「防衛省の職員の給与などに関する法律施行令」によると、長期にわたり出動待機命令を受けている自衛官の給与は、留守宅の家族などに支払う、「留守宅渡し」が規定されている。それでは、自衛官や予備自衛官が戦死した場合の処遇はどうするか、靖国に合祀するのか――それは法律で定まっていない。戦争法の時代の公人と靖国神社との結びつきを常に監視しなければならない。

3　アジアの遺族たちの気持ち（講演抜粋）

一九七八年、キリスト者遺族の求めに応じて次のような講演を行った。

今日、ここに全国各地からお集まりのキリスト者遺族の会の皆さんは、あの戦争で戦死した父や兄や弟や夫を、彼らが信じてもいない宗教である靖国神社に、かつて軍国主義の精神的支柱としての役割をはたし、今また同じ役割をはたそうとしている靖国神社に合祀されていることを、看過するわけにはいかないという気持ちでおられる。そして靖国神社の霊璽簿《れいじぼ》（靖国神社に祀られている英霊名を記した宗教的名簿）から肉親の名前を抹消して合祀を取り止めるように長年にわたり希望し、今日また靖国神社へ行かれて「第三回霊璽簿抹消要求」をなさり、また「靖国訴訟」の準備も進めておられるわけですが、このことは、日本人の信教の自由という問題に止まらないのです。

この四月十六日（一九七八年）の朝日新聞は、靖国神社が他民族である台湾、韓国・朝鮮の元日本兵を合祀していることを報道していました。「靖国に合祀許せぬ」「朝鮮・台湾人戦死者遺族から怒り」「強制して英霊とは」「拒否へ訴訟準備も」という五段抜きの見出しで、リード記事をちょっと読んでみますとこういうんですね。「日本の戦争の犠牲になった肉親を祖国が独立した今も靖国神社にまつられることは許せない」――。戦後三十年以上たち、靖国神社が台湾出身戦死者の遺族に、合祀通知を出したことから、台湾人のあいだに、合祀取り下げを求める動きが起きているが、同じ立場の朝鮮出身戦死者の遺族にも、「合祀はイヤ（ノーハプサ）」の動きが広がりはじめた。

戦争中、神社参拝を拒否して獄死者まで出した歴史もあるだけに、同胞の霊が今なお日本の神社にまつられている事実を知った韓国・朝鮮人の衝撃は大きく、一部では、合祀取り下げ訴訟の準備を進めている。

靖国神社のあり方が、外国人によって問われるのは戦後初めてであり、国際的な波紋を広げようとしている。なお、靖国神社は台湾人に対するこの合祀通知に添えた手紙文で、「機会を得て訪日、参拝」することを求めているというのです。

この他民族の合祀取り下げ要求に対して靖国神社側は何といっているか。靖国神社の池田権宮司は、「朝鮮、台湾の人も日本人として戦いに参加してもらった以上、靖国にまつるのは当然だ」というのです。

今度のことで、私のところに、台湾の人と韓国の人が、この靖国神社合祀を法律でやめさせられないか、と相談に来たのですが、私はこの人たちの気持ちをより正確に知ろうとして証人尋問のような一問一答を試みました。それをメモしたものをここに持ってきましたので、それによって話を進めましょう。

この台湾から来た人は「シイ」さんといって一九四〇年生まれ、職業は雑貨商、お父さんが靖国に合祀されている。在日台湾人の方が通訳をしてくれたのですが、「シイ」さんは、「お父さんの戦死を知ったのはいつか」という私の問に対して「戦死したという広報は来なかった」というんですね。台湾の遺族はだいたいこういう人が多いようでして、日本政府は台湾の元日本兵についてはその遺族に戦死の通知をしていないんですね。それで夫人たちは夫の生死を確認できませんので、戦いが終わって何年かたち子どものために再婚しようと思っても、ひょっとして帰ってくるかも知れないという不安があり、一九七四年(昭和四十九年)十二月、台湾高砂族出身の旧日本陸軍一等兵中村輝夫さんがインドネシア領モロタイ島のジャングルで発見されたときなどは再婚していた夫人たちは戦戦恐恐だった、といいます。

この「シイ」さんのお父さんの場合も戦死の公報は来なかった。ところが、厚生省から靖国神社へ知らされた戦死者名簿によって、靖国神社は台湾の遺族に合祀通知を出したということですが、この通知を受け夫人たちは号泣したということです。夫が死んだことを初めて書面で知らされたことになるわけですから、大変ショックだったということです。

「シイ」さんの場合は、戦争が終わって近所の人たちは帰って来ても、自分のところは帰って来ない、だからもうだめだと思って、「シイ」さん自身は当時、五、六歳だったということですが、お母さんの話では、あちこちと調べても結局わからなくて、戦後三年くらいたってから、位牌を作って拝むようになった——戦後の生活状況は、兄弟は三人いて、お母さんはこの子どもたちを連れてあちこちを転々として生活は苦しかった。自分は学校教育も満足に受けられなかった。「シイ」さんに「戦時中のことで何か覚えていることがあるか」と聞いてみますと「お母さんはいつも泣いていたという記憶がある。第二次世界大戦のことは本で読んで分かっている。お父さんは自分の意志ではなく、大日本帝国によって半強制的に連行されて戦死したことは知っている」ということでした。

さて、靖国神社については、若い「シイ」さん自身は今まで聞いたことはないというので私は「靖国神社には日本の軍人がまつられているが、あなたのお父さんがまつられている、と聞いて、あなたはどう思うか」と改めて問うてみました。すると彼は怒った顔をして「自分としては、大日本帝国主義者は台湾人である父を狩り出して、台湾人に関係ない戦いに参加させ、今また台湾人と関係ない神社に祀るのは侮辱だ」と力を入れて言うのです。このとき通訳の人が「彼は『永遠の侮辱だ』といっている」とコメントしてくれました。私は「シイ」さんに

「あなたは何か信じてますか」と聞くと「自分の宗教は仏教と道教だ」ということでした。祖先の位牌を拝むのは道教で、祖先の霊を祀る廟《びょう》に参るのは仏教だということです。台湾には国教はなく、宗教は自由だという話でした。そのあとのやりとりは次のように続きました。

靖国神社は、あなたの宗教とはちがう宗教ではあるが、あなたのお父さんをねんごろにまつってくれるということらしいけれども、それについてどう思うか。

「一般の台湾人の宗教は仏教と道教であり、それ以外の他国の宗教でまつることを台湾人は快く思わない。半強制的に連れて行かれ、戦死した父は日本に対し恨みを持っているので、日本の靖国神社にまつられていることについても恨みをもっていることはたしかだ。戦死の広報さえ来ないで使い捨てにしていることを合わせて思うと腹立たしく思う」、「父は日本を恨んで死んでいるのに、一枚の紙にすぎない合祀通知など憤慨に絶えない。何の承諾もなく勝手にまつった」と彼はいうんですね。

私は意地悪く、「承諾を受ければよいのですか」ときくと「とんでもない。日本人に対する台湾人の痛恨はそんなにたやすく消えるものではない」と荒っぽくいった。こうして赤裸々な気持ちをいろいろ話してくれたのですが、終わり頃私はなおも「シイ」さんの気持を確かめるように「靖国神社は、あなたのお父さんはみじめな死に方をしたので、その霊を慰めるためにねんごろにまつったということであったらどうか……」と話しかけますと、彼は日焼けした顔の黒い目を見開いて「父が若し日本人で自分から進んで大日本帝国の戦争に行ったんなら別だ。赤紙一枚で連れ出しておいて、今さらそんなことをいうなんて、われわれ台湾の遺族の心証を害するばかりである。戦死の公報もなく、そのうえそんなごまかしの態度をとることはがまんできない」といって、机をたたかんばかりに、日本非難をくり返しながら、かれはハッと気づいたように、とまどった目をして、「先生も日本人だった。日本人の前でこんなことをいってしまって」といった。私は、まったく同感なので、出る言葉もなかった。

その後に私の事務所に来られた、兄さんが靖国に合祀されている在日韓国人の実業家も、ほぼ「シイ」さんと同じようなことをいって、「合祀を取り止めない限り、日本の戦後処理は終わらない。日本の国民性には分かりかねるものがある。日本人は信用できない。この国の人間は、〝おそれ〟ということを知らない。皆、経済成長ということで物質主義に溺れ、神経を麻痺されていて、心の問題が分からなくなっている。この国は罰を受けなければ治らない」と矢継ぎ早に非難した。

私は、またいたたまれない気持ちになった。彼の兄さんは朝鮮総督の技官として燈台に勤務していた。赤紙の召集令状がきたとき、年老いた母は逃げろといったが、逃げると家族まで非国民扱いされ罰せられることになりはしないかと恐れた兄は仕方なく出征して行った。彼には婚約者がいたが、もし戦死すれば彼女が未亡人になってしまいかわいそうだ、といって結婚しないまま出征した。婚約者は戦後、四、五年待っていたが、他へ嫁いで行ったという。

日本の戦争のためにこのような悲惨な死をとげた他民族の心情をかえりみることなしに、日本の植民地台湾・朝鮮出身の日本兵は「内地人と同じように、日本人として戦いに参加してもらった」ということで、靖国神社に「英霊」として合祀したうえ、その遺族にこれを通知して「機会を得て訪日、参拝」するように求めているわけです。

靖国神社は戦死した天皇の軍隊・皇軍の兵士をすべて「英霊」として集団的、一方的に例外なく合祀することを宗旨としているので、それ故に死者本人の宗教や「靖国合祀の拒絶」をしている遺族の意志は問題にしないというのでしょうか。

宗教学者の**村上重良**★1先生によると、靖国神社は「神社神道」を国教化した明治維新以降約七十年にわたる「国家神道」の下で作られた神社であるということです。この「神社神道」という宗教は「日本の国」という集団の「民族宗教」なのです。

★1　村上重良《むらかみしげよし》（一九二八年十月十日―一九九一年二月十一日）は、「国家神道」の研究者、慶應義塾大学講師。（『国家神道』、岩波新書、一九七〇、『宗教弾圧を語る』編者、岩波新書、一九七八）

これに対して、仏教やキリスト教などのように世界的に広がりをもつ宗教は「世界宗教」といわれています。この世界宗教は個々の人間が、自らの信ずる神や仏などを信仰するという性格を持っている「個人の宗教」・「人間の宗教」であると村上先生は説いています。

これに比べ靖国神社は「民族宗教」・「集団の宗教」であり、池田権宮司がいっているように植民地台湾・朝鮮出身の日本兵の戦没者やキリスト教徒などの戦没者も例外なく合祀しているのです。そして、ノーハプサを求めるアジアの遺族の人格を顧みないのです。

このような「合祀」は「個」を「全体」に優先する民主主義社会の条理・正義に背くものではないでしょうか。

資料【朝日新聞「ひと」欄】

日本の戦争責任を問う「アジアの証言」集会を開く今村嗣夫

一弁護士である。クリスチャン。今まで「国家と宗教」の裁判をいくつか手がけてきた。津地鎮祭違憲訴訟。山口県護国神社殉職自衛官合祀拒否訴訟、浜松市政教分離原則侵害違憲訴訟……。

「そんな関係で、去年暮れから今年初めにかけて、台湾の人、韓国の人が、靖国神社合祀をやめさせられないか、と相談に来た」そのとき、日本の戦争責任を鋭く追及されたのだという。「他国の民衆から、面と向かって非難の言葉を浴びせられ、ショックでした。それまでぼくはぼくなりに戦争責任を考えていたのだが……」

で、戦争責任を問いつづける集会を思い立った。「日本がアジアの民衆にどんな犠牲を強いていたか、生の事実を洗ってみようじゃないか。日本は物質主義に流されて、心の問題がわからなくなっているんじゃないかと」、あわただしい三ヶ月。

「おまけに、ことしは、悪い政治状況ですね。八月十五日に天皇の靖国神社参拝を求める署名運動が進んでいるという話とか、**一世一元の法制化**★2とか、**栗栖発言**★3に見られるような有

★2 一世一元の法制化―天皇一代に一つだけ年号を定めること。元号制はもともと皇帝が時間と空間を支配するという古代中国の政治観念に基づいたもの。日本では、元号制は一八六八年（明治一年）明治維新に際し、行政官布告第一号により一世一元制が導入され、元号は天皇の統治年を示すものとなったが、一九四七年（昭和二十二年）日本国憲法制定に伴い国民主権の理念に相応《ふさわ》しくないものとされた。しかし、その後、一九七九年元号法が成立し一世一元制は復活した。

★3 栗栖発言―自衛隊トップ（統合幕僚会議議長）だった栗栖弘臣は一九七八年七月十九日『週刊ポスト』誌上で「現行の自衛隊法には穴があり、諸外国から奇襲侵略を受けた有事の場合、首相の防衛出動命令がでるまで動けない。第一線部隊指揮官は有事の場合に備えた法律がなくても超法規的行動に出ることはありえる」旨、軍部の独走は許さない鉄則・シビリアンコントロールを無視した発言をしている。

事立法の公然化とか」
八月五日午後二時から、東京・虎ノ門のニッショーホールで十数人が〝証言〟をする。「東南アジアに残る日本の軍国主義の傷跡や靖国合祀問題を中心に、現地の人たちの声も収録してあります」ほかに南京大虐殺などの写真六十点も。
しかし、もはや戦争責任なんて、という声もある。「たしかに、もう時効じゃないのか、といわれます。しかし、講和条約締結や国と国との間の賠償完了で戦争責任は終わるものじゃない。まだまだ未解決の戦後処理も多いし。日本の民衆もアジアの民衆と同様に日本軍国主義の被害者だったわけで、再び民衆が被害者として巻き込まれないように」。静かだが、キ然。「野党は腰抜けだし、ささやかな問題提起。手づくりの集会」という。(民)
(一九七八年八月三日)

【自衛官「合祀」拒否訴訟】

V　こわされた小さな願い

女子中学生の社会科・「司法」の単元の授業に招かれた。生徒たちは、新聞やテレビで大きく報道された一、二審勝訴の原告中谷康子さんの自衛官「合祀《ごうし》」拒否訴訟のことをある程度知っていて、もう少し詳しく聞きたいということであった。むずかしくならぬよう、言葉を選びながら、語りはじめた。

1　夫の死の意味を求めて

今日お話をするのは、老人ホームや小学校、今は保育園で給食調理員の仕事をしている山口市の中谷康子さんの裁判のことです。

康子さんの夫孝文さんは自衛隊に勤務していたのですが、結婚して十年しないうちに亡くなってしまったのです。孝文さんは、自衛隊岩手地方連絡部釜石出張所に勤務していた一九六八年一月十二日、ジープに乗って自衛官募集の仕事に出かけて帰る途中、向こうからきたダンプカーと正面衝突し、ジープは道路の溝に落ち、運転手は助かったのですが、助手席に乗っていた康子さんの夫は即死してしまいました。彼は業務上死亡したので自衛隊では「殉《じゅん》職《しょく》自衛官」と呼ばれました。

夫を突然失った康子さんは、孝文さんとのあいだの一人息子、当時小学校一年生の敬明《たかはる》君と二人して郷里山口へ帰ってから、夫の遺骨を自分が行っている教会、日本基督教団山口信愛教会の納骨堂に納め、毎年十一月の第一日曜日の永眠者記念礼拝には敬明君といっしょに出席しキリスト教信仰によって亡き夫、亡き父を記念していました。この教会の林健二牧師は山口地方裁判所の法廷で次のように証言しています。

問　中谷さんが夫を失って山口へ帰って来て、教会を訪ねて来た、その康子さんの一番大きな、そのときの心の課題といいますか、問題ですね、それはどういうことだったでしょうか。

答　結婚生活が約十年で悲劇的に終わったものですから、で、結婚生活は短い期間でしたけれども、思い出はつきなくて、夫に対する思慕の念が強かったものですから、どうして夫が死んだのであろうかと、夫の死の意味が何であったのか、こういうことがそのときの中谷さんの一番大きい問題でしたし、そのことを話すごとに中谷さんは涙を流して私に話しておられたことが非常に強く印象に残っております。

それから四年が過ぎてあの衝撃的な合祀事件が起きたのです。その頃の彼女の生活状態について質問された林証人は次のように証言しています。

答 ……信仰生活をしながら、ご主人の死の意味を自分に納得のいく形で突きとめたいという、そういう思いを持って、毎日曜日毎に親子で教会に来ておられました。かたわら、どのように夫亡き後に自分の生活を立てるかということで生命保険のセールスをしたり、あるいは零細企業で働いたり、様々な苦労を重ねてきました。そして、山口市の老人ホームに勤めて老人のために仕えて生きるということが自分にとって本当に納得できる自分の生き方ではないかということで、そのような職場を得たことに大変大きな喜びを感じ、そのなかで中谷さんは夫の死の意味を、また追求しておりました。

2 「お断りします」

夫が亡くなってから四年、こうした精神生活のうちに、自分をとり戻し、またようやく息子との経済的生活も落ち着きをみせた一九七二年四月五日、一日の仕事を終えて夕方五時頃、老人ホームからいつものように原付を運転して帰宅した康子さんを、これまで二回訪ねてきたことのある自衛隊山口地方連絡部山口地区班の係官阿武《あんの》豊《ゆたか》二等陸曹が玄関先で待ち受けていました。この係官は最初来たときには孝文さんが死亡したことが分かる戸籍謄本を中谷さんの本籍地からとり寄せてくださいとか、また孝文さんが勤務していた自衛隊岩手地連が発行すると思われる殉職証明書をとり寄せてくださいとかいってきましたが、今度は孝文さんが勲章を貰っていたら見せてもらいたいというのです。

このときのことを中谷さんは次のように述べています。

問　そこで、あなた何か聞かれましたか。

答　私もたびたび見えられますから不思議に思いながら、一体、何にお使いになるんですかとうかがいました。

問　それについて、係官は何と答えましたか。

答　そうしますと、実はこのたび、自衛官の殉職者らを〝神〟として**護国神社**★1に合わせ祀《まつ》ることになりました。合祀《ごうし》することになりました。そういわれました。

問　あなたはそれに対して何と答えられましたか。

答　私は咄嗟に私の信ずる宗教がございますので、実はキリスト教を信じておりまして、夫の遺骨は教会の納骨堂に納めていただいておりますし、年に一度の永眠者記念礼拝にも出席しておりますし、一つの神のみを信じていますので他の宗教でお願いすることはできません、そう断りました。

問　他の宗教でお願いすることはできないと。

答　はい。もう一つ、それと同時に私は、護国神社と聞きますと……ちょうど、太平洋戦争の時期、小学生でございましたから、よく記憶にあるんですけれども、反射的に靖国神社ということが思い出されておりまして、これは最近話題になっている靖国法案に関係があるんではないか、殉職自衛官の夫の死が国家によって利用されるのではない

★1　護国神社―明治維新前後から、国家のために殉難した人の霊を祀った各地の「招魂社」が、一九三九年（昭和十四年）に「護国神社」と改称された。靖国神社も招魂社の一つであるが、護国神社と改称されなかった。

か、そういうことも感じまして、そのこともたしかに話して断ったと思います。信教の自由もあるんだと。

3　靖国神社・護国神社

ところで、みなさんのなかには行ったことのある人もいるでしょうけど、東京九段にある靖国神社は、日清、日露戦争、太平洋戦争という天皇の名による戦争があるたびに戦死した人びとを新祭神として合祀しつづけてきました。中谷さんの裁判で鑑定人として学問的な意見を述べた宗教学者の村上重良（八九ページ注参照）先生によると、「靖国」というのは「国を安んずる」、天皇主権の国家を安泰にするという意味です。天皇のため、お国のために戦死した人びとを祭神として合祀するのに相応《ふさわ》しい社名としてつけられたものでしょう。そして戦争中、靖国神社の祭神とされた臣民は、現人神《あらひとがみ》であり陸海軍の全軍を率いている大元帥《だいげんすい》である天皇の参拝をうける――天皇の家来とされた「臣民」としてこのうえない「栄誉」を与えられるという政策がとられ、この先輩の祭神のあとにつづく兵士に、戦死したら自分も祭神として「合祀」されるのだ、名誉なことだ、と天皇の兵士としての誇りをもたせることによって、死をも恐れぬ士気を高めたのです。

他方、全国各地にある護国神社は、その靖国神社の祭神の中で地元に縁故のある戦没者を合祀しつづけてきたのです。

それでは、康子さんの夫・孝文さんはどのようないきさつで、山口県護国神社に合祀されたのでしょうか。

4 「合祀」通知

話を戻しましょう。

夫を護国神社に合祀すると聞いた、中谷さんは、「二つの宗教で取り扱われたくない」とお断りしたのでした。

問　あなたのそういう答えに対して、阿武さんは何とおっしゃいましたか。

答　じゃあ、そのように帰って伝えます。そのように言われました。

この日、自衛官が帰った直後、一通の案内状が郵送されてきていることに彼女は気づきました。「このたび新たに山口県護国神社にご奉斎《ほうさい》申し上げる本県出身殉職自衛官二十七柱の鎮座《ちんざ》祭《さい》を斎行《さいこう》いたしますから万障お繰り合わせのうえご参拝くださるようご案内申し上げます」。祭場は山口県護国神社、鎮座祭は昭和四十七年四月十九日十九時三十分と記されていました。さらに「四月二十日十時三十分春季慰霊大祭を斎行いたしますのでご参拝願います」と中谷さんの参拝を求めるものでした。

問　……これをみて、あなたは何を感じられましたか。

答　私は、祀ってくれというふうに、お願いもしておりませんし、何と準備の早いことだと思いました。でも、まあ、今、はっきり断りましたので、それは差し支えないだろうと思いました。

ところが、七月五日、衝撃的な事件が起きました。夕方五時過ぎに、仕事を終え帰宅すると、護国神社からの「合祀通知」が届けられていたのです。その内容は「御祭神中谷《ナカヤ》孝文命《タカブミノミコト》」について、「永代神楽料《えいたいかぐらりょう》を御奉納された」ので「今後、毎年一月十二日の命日祭を永代に継続して行います」というのです。

孝文さんは、妻の康子さんがイヤダといっているのに護国神社の神さまにされてしまったのです。そして、康子さんは永代神楽料など支払っていないのに、これを支払ったとして、今後毎年、護国神社で命日祭を永久に行うというのです。康子さんはびっくりしてしまいました。
この「合祀通知を見て、あなたはどういう気持ちがしましたか」の質問に対して、康子さんは「心の平和が乱され、怒りと悲しみが一度に体中を走ったような気がいたします」と、そのときのことを決して忘れることができないという表情で述べ、唇をかみしめていました。
「なぜなんか、どうして、なぜ、祀ったんだろう」ひとつひとつの言葉をぶつけるように康子さんは供述を続けました。

5 「公」の宗教

翌日の午前中、康子さんは職場の休憩時間に、思いあまって自衛隊に電話をしました。阿武係官は外出中ということで、別のことで前に会ったことのある安田援護係長が電話口に出てきて、およそ以下のようなやりとりをしたというのです。

問　安田さんに対して、あなたは何といいましたか。

答　安田さんは私がうかがっておきましょうということでしたので、実は私はこの前に合祀をお断りいたしましたのになぜですか、合祀の通知がきましたがなぜですか、とお尋ねしますと、ああ、あなたがクリスチャンであることは聞いています。しかし、ご主人は自分のために死んだのではなく、国のために死んだのですから、護国神社に祀ってあげるのは当然じゃないですか、といろいろいわれました。

問　遺族の宗教と合祀との関係についてなにか話されましたか。

答　いろいろいわれまして、そのなかでも印象に残っていますのは、「殉職自衛官」を護国神社に「神」として祀るなら、後に続く「現職」の自衛隊員は「死生に誇りを持ち士気が高まる」ということで、遺族の宗教にはかかわりなく、奮起して祀ったというのです。

私は、でも、私の信仰的良心からそれは許すことはできませんということを申しますと、安田さんは遺族の方の宗教をいちいち聞いちょっちゃあ、こっちもやれませんから遺族の宗教には関係なくこちらの善意で祀ったんです、というふうに、説得するようにいわれました。

問　結局、どうなったんですか、最後、とり下げに応じたんですか、応じないんですか。

答　一人をとり下げると示しがつかんようになるというふうにいわれまして、話は物別れです。

この経過を知った林牧師は、「中谷さんの牧師として、中谷さんのこの苦しみを座視することができなくて」、安田援護係長に会いに行きました。

問　あなたのほうからは安田さんにどういうことを申したのですか。

答　中谷さんが非常に苦しんでいるので、合祀をぜひとり下げてほしいということを申しました。

問　それに対して、安田さんはどう答えましたか。

答　護国神社は普通の宗教と違って「公《おおやけ》」の宗教であるので、もしどうしてもいやならば仏教の人は家庭で仏壇を拝めばいい、キリスト教の人は家庭でキリスト教を信じればいい。けれども、公には護国神社に祀られることがこれはあたりまえのことなんだと、日本人ならばそうなんだ、という返事をなさいました。

明治憲法のもとでは、靖国神社など国家神道という「公」の宗教によって皇軍の兵士の士気高揚がはかられたわけですが、個人の宗教より上に置かれたあの公の宗教が、信教の自由・政教分離原則を定めた日本国憲法の下で今ここに復活したかのようです。

6　脅迫状

康子さんの心の平和が、どのようなことで乱されるに至ったかを、今日はお話ししました。作家の三浦綾子さんは、「この事件は日本人の信教に対する考え方が非常に立ちおくれていることを示している。欧米人が知ったら、びっくりすると思う。日本は〝こころの後進国〟です。戦争でなくなった人を丁重に扱うのは結構だが、それは靖国神社や護国神社に軍神としてまつることではない」と述べていました。

ぼくは弁護士としてこの中谷訴訟を担当していて、いろいろなことを考えさせられました。一九七三年、中谷さんが裁判を起こしてから、一審が六年二か月、二審が三年二か月、最高裁がこれまで約六年、併せて十五年四か月かかりました。

この間に、いろいろな**脅迫状**★2が中谷さんの家にきています。「お前みたいな女は日本人じゃない、日本に住む必要なし、国外に追放する。世間の人の大半はお前のことを笑っているぞ」という類のものです。

中谷さんの合祀と同じときに、山口県出身の殉職自衛官二十七名が祭神とされ合祀されたのですが、中谷さん以外の遺族の人たちは、自衛隊員として業務中に事故死した父や兄や夫を護国神社へみんな一緒に祭神として祀ってもらったことに感謝こそすれ異議を述べていないのに、中谷さんだけが反対して、周りに波風を立てているのはけしからんというのです。

同じ日本人である以上、同じ考えを持つべきだ、みんなの考えとちがう考えを持つのはまちがっている、そういう人は村八分にされても仕方がない――中谷康子は日本人じゃない、非国民の大馬鹿な女だ、死んでしまえ、こともあろうに国家を相手に裁判などして世間の人の大半は笑っている、お前みたいな女は国外に追放する、日本に住む必要なし――というのです。そういう記名、無記名のいろんな脅迫文がたくさん送られてきているのです。こういうのもあります。きわめて達筆な墨の字で「夫の霊が護国神社に祀られたからといって三文弁護士、国賊の前科者を雇い忙しい裁判所に迷惑をかけるに及ばぬ」。

こういう脅迫文を書く人たちの考えは正しいだろうか、どうだろう。

みなさんの場合だったら、どういうことになるかというと、同じクラスにいる以上、または同じ学校にいる以上、皆、同じ考えを持つのは当然で、一人だけ皆の考えに反対するのはまち

★2 脅迫状―単なる嫌がらせではなく、人に恐怖心を抱かせるような害悪を通告する文書。指紋押なつ拒否をした在日韓国・朝鮮人のもとに「日本から出て行け」のような脅迫状が大量に送りつけられた。最近では、慰安婦問題を象徴する「平和の少女像」などが展示された「表現の不自由展」（あいちトリエンナーレ二〇一九）に対してテロを予告するかのような脅迫状が届いた。

がっているだけでなく、道徳的にも悪いことをしているのだ、良心的じゃない。大多数のクラスの人たちの意見や判断とちがう自分の判断をはっきり言っちゃって、周りに波風を立てるのは、クラスの平和を乱すことになるのだから、そんな子は差別されても仕方がない……かどうか。

そんな子は、このクラスにいる必要はない。出ていくべきだ、転校すべきだ、と思う人はいますか？　いたら手をあげて！（手をあげる者なし）。この問題、友だちは皆どう考えているのかな。自分の考えが皆の考えと一人だけちがうと、中谷さんみたいに白い目で見られるから、はっきり自分の判断をいうのは止めとこう、と思っている人は手をあげて！（手をあげる者なし。ただし、小さな笑いが起こる）。私は貝になりたい、みんな貝になっちゃったのかな、この問題はあとでそれぞれのクラスに帰ってからいちど話しあってみてください。

終わりに話したいことは、私たちは、町でも、村でも、学校でも、職場でも、一人ひとりが大切にされる社会をつくりたいと思います。ぼくは思うのですが「イヤダ」といっている人の気持ちを理解できる人間に、その人の主張も聞く耳をもつ人間にお互いがなることができたら、人権は護られ、差別はなくなり、裁判もする必要がなくなるでしょう。そしたら、弁護士のぼくは失業してしまいます（笑い）。

みんな賛成なのに、一人だけ「イヤダ」といっている、世間のみんなとは一人だけちがった立場をとっている、その人の気持ちを理解しようとする人間にお互いがなること――これが今日、ぼくが中谷さんの裁判の話を通して皆にいいたかったことです。終わります。どうもありがとう。

（一九七八年二月十日）

資料【朝日新聞「声欄」】

「非人道的自衛隊」

十五日付本紙「ひと」欄の中で十年前に自衛隊員の夫を交通事故で失った中谷康子さんが「夫が死んだとき〝故人は公のもの〟と最後の別れもさせてくれなかった自衛隊が……」と話しているのを読んで、あ然としました。妻に最後の別れをさせないとは、何と非人道的な冷たい仕打ち。よく聞く「国民に親しまれる自衛隊」という言葉は、まったくの宣伝文句に過ぎないということでしょうか。（一九七八年三月二十一日）

――横須賀市、大学教員　三上敏夫さん（四十六）

「非人道的な自衛隊」にひとこと

二十一日付本欄に、十年前に交通事故死した自衛隊員の奥さんが最後の別れができなかったという「ひと」欄の記事に対し自衛隊が非人道的であるとの意見がありましたが、当時の故人の上司の立場から事実を申し上げます。事故発生後、官用車で夫人と一粒種の長男を伴って現地の病院にかけつけ、故人と無言の対面をしたのは事故当日の真夜中でした。遺体は翌日、自衛隊の救急車で原隊に移送し、翌々日に公務死による部隊葬を行いました。内容は世間一般のものと何らかわりなく、最後に遺族の方々はお別れの対面をされ、多くの会葬隊員の見送る中、野辺の送りをしました。自衛隊がその職務に殉じた者に対して最高の礼をもって臨むのは当然ですし、当時の上司として、故中谷孝文一等陸尉のことは、今でも胸の痛む思いがしています。（三月二十九日）

―恵庭市、元自衛官　水内慎一さん（五十六）

証言「非人道的自衛隊」

自衛隊は「夫が死んだとき最後の別れもさせてくれなかった」という中谷康子さんの訴えに、当時の故人の上司が三月二十九日付本欄で「部隊葬を行い、最後に遺族も別れの対面をした」といわれておりました。この裁判を担当する弁護士として事実を申しますと、遺体は自宅に帰されず、病院からまっすぐ原隊に移されたのです。中谷さんは、法廷の証言台で当時を回想しながら涙ながらに「もう最後ですから連れ帰って、本当に、家族のものならだれでもそうするのではないかと思いますけれども……。本当に思い切り泣きたかった」と証言しています。

妻の気持ちも考えず、盛大な部隊葬や護国神社合祀《ごうし》によって現職隊員の士気をふるわせようとする自衛隊と隊友会の行為はまさに「非人道的」の一言につきます。（四月七日）

——港区、弁護士　今村嗣夫さん（四十五）

うさぎ

子らは
しゃがみこみ、
お前のやさしさを
のぞきこんでいる。

7 「師団長」の要望

中学生に話した自衛官「合祀」拒否事件の背景を裁判に表れた証拠によってさらに深めてみたいと思う。

山口県護国神社に原告の夫を含む県出身の殉職自衛官二十七名が祭神として合祀されたのは一九七二年（昭和四十七年）四月のことであった。

護国神社へのこの「合祀」申請手続は、自衛隊OBらを会員とする民間団体**「隊友会」**[★3]名義でなされていたが、実際には自衛隊職員が終始行っていた。しかし、自衛隊名で「合祀」申請をすれば、それは明かな政教分離原則違反になる。それで、自衛隊OBらを会員とする民間団体「隊友会」の名前で申請していたのである。自衛隊係官に対する尋問でこの点を質してみた。

「殉職自衛官を護国神社に合祀するという件では、誰が神社の宮司さんと会われたんですか？」

「合祀は、あくまでも表向き、当然隊友会長ですから、隊友会長が話をしていると思います」

「自衛隊の意向で合祀するんだけれども、表向きは隊友会がやるということで統一していたんですか」

「いや、ちがいます」

「じゃあ、表向きとはどういうことですか」

「……」

「隊友会の意向だけでやるんなら表向きなんてことは出て来ないでしょう」

「……」。証人は絶句した。


憲法学者によると、国の機関と相互依存関係にある民間団体には、私人であっても、憲法の規定・政教分離原則が適用されるということである（「芦部鑑定意見書」『人間を護る』所収・自由人権協会）。

ところで、当時の隊友会会長の証言によると、この「合祀」の具体的な動きが出てきたのは〝一九七〇年（昭和四十五年）の春〟ころからだということである。そして、七一年五月二十二

★3　隊友会―自衛隊員（防衛省職員を含む）のOB組織。会長、理事長は防衛庁長官、統合幕僚会議議長、陸上幕僚長経験者が就任する。

日付山口地方連絡部の内部文書には「殉職自衛隊員の山口護国神社の合祀につきましては、陸上自衛隊の師団長が特に要望されている」という記述がある。

ところで、隊友会長の証言にある〝七〇年春〟ころというのは、どのような歴史的時期であったのか。中谷さんが「イヤダ」といっているのに、自衛隊や隊友会が問題の「合祀」に積極的にかかわったのはなぜか、その動機を立証するために当時の「師団長」（陸上自衛隊の部隊長・尋問当時は軍需産業企業関係顧問）を証人申請し尋問したところ、次の事実が確認された。

一九六九年七月、ベトナム戦争（一九六〇年から七五年にわたりベトナムの民族独立運動にアメリカ政府が介入した戦争）の継続により、アメリカの軍事的・経済的・政治的・社会的破綻の結果、これまでのアメリカのアジア政策、日本との安保条約が転換された。七〇年二月のニクソン・ドクトリン（大統領宣言）は「アメリカの同盟国が自助の精神で強化され、自ら責任を負い、それまでアメリカが負ってきた負担を分担すること」を強調している。これを受けて「第三次佐藤内閣の中曽根防衛庁長官」のもとで、この七〇年十月、日本政府は「自主防衛」策の強化を打ち出し、「国民と共にある自衛隊」づくりをめざしていた。この頃、『日本の防衛』と題する初の防衛白書が発表され、日米安保体制の必要性が強調されている。

隊友会長の証言にあった〝七〇年の春〟に関して当時の師団長は「一九七〇年に入ってから自衛隊員の士気を高め、国を守る気概をもたせるということが自衛隊にとって当面の重要な課題になっていた」ことを認めていた。

そして、殉職自衛官の護国神社「合祀」は、このような国際的・政治的情勢のもとで、自衛隊員の士気高揚策の一環として実施されたことが明らかになったのである。自衛隊山口地連部長は法廷で「お祭りが盛大に行われれば、自衛官に対する社会的評価が高まるということで、非常に我々としてはありがたいことであるし、ひいては、士気に益するであろうというふうに判断します」と証言していた。

妻が、「イヤダ」といっているのに、山口県護国神社に亡き夫の「合祀」がなされた背後に「国家」がいたことに気づかされた妻は「これはもう私だけの問題ではない」と深いため息をついた。

8　国家から「ひとりで放っておいてもらう権利」——the right to be let alone

この「合祀」騒ぎで、中谷さんはすっかり心の平和を乱されてしまった。

現代社会は、科学技術・軍事・経済の発展につれ、とてつもなく複雑怪奇になっていく。はてしなくその得体の知れない社会にあって、いと小さき一匹の羊の存在は無視されがちである。私たちは、お互いの心の平和を保てるような社会をつくっていくために、不断の努力をしていかなければならないと思う。

中谷さんから依頼されて私は中平健吉弁護士、小池健治弁護士、中川明弁護士、河野敬弁護士とともに、国の責任を問う先例のない裁判を闘うことになった。

憲法学者の故宮沢俊義さんは、生前、この事件について「未亡人がイヤダといっているのに、強引に合祀するなんて乱暴な話だ。未亡人の訴えは当然のことだ」と述べていた。

この未亡人・中谷康子さんの「イヤダ」は決してわがままな「イヤダ」ではない。そこには法的な面で非常に深い意味がこめられている。

中谷さんの「イヤダ」というのは、「夫の死との関係におけるプライベートな生活に、国家公共社会から干渉され、心の平和を乱されたくない」という願いなのだ。それは誰も決して壊すことのできない性質の願いである。

米国連邦最高裁のブランダイス判事は政府に対する国民の権利として国家から「ひとりで放っておいてもらう権利」the right to be let alone を民主主義にとって、文明人にとって、もっとも価値ある権利として認めている。

中谷さんの「イヤダ」というのはまさに夫の死を記念追悼することについて、国家から「ひとりで放っておいてもらいたい、干渉されたくない」という個の尊厳に根ざすプライバシーの権利の主張である。

憲法十三条は「すべて国民は、個人として尊重される」と定めている。この憲法の下では、国民はそれぞれの個の尊厳に値する取り扱いを受けるのであって、国家も社会も個人のために存在するというのだ。この個人の尊重の法思想は、個々人が「自己決定」している生活領域に国家公共社会が介入してはならないということを第一の内容としている。

個々人の私生活はそれぞれの「自律」に委ねられるべきものであって国家公共社会の介入しがたい領域なのだ。国家から「ひとりで放っておいてもらう権利」の主張は、個人の尊重の法思想のもとでの個々人の「自己決定権」の行使にほかならない（江橋崇「立憲主義にとっての『個人』」ジュリストNo.八八四）。

9　山口地裁勝訴判決――「宗教上の人格権」

一九七九年三月二十二日、一審山口地裁の横畠典夫裁判長、杉本順市、和田康則両陪席裁判官による判決文には、死別した夫との関係における妻・原告の精神生活が味わいのある文章で次のように綴られていた。

「原告は夫孝文の死亡当時より遡ること約十年以来キリスト教を信仰し、同人が不慮の死に遭ってのちはこの信仰によって同人を記念、追悼し、その死の意味を求め、現世において分かたれた共同生活を精神的な面では保持し続けて来た」

この判決文の一節は、次の「信仰」に関する洞察とともに、人びとに好感をもって受けとられていた。

「もとより護国神社はいうまでもなく、隊友会も自衛隊職員も原告に祭神としての孝文を神道に従って礼拝するよう強制しているわけではない」。「信仰心を有する者はこのように自己に対する強制に亘るわけではない他人の宗教行為（合祀のこと）を無視するだけの精神的な強さを求められている……との考えもあり得ないわけではない。しかしながら人の信仰心の強固さは様々であり、信仰を求めながらなお他人のなす宗教行為（合祀）のために精神的な静謐《せいひつ》（心の静けさ）を乱され、自己の純粋な信仰の探求に軽視できない妨害を受ける場合もあり得ると考えられる。信仰は時により死をも怖れないものであるが、また極めて傷つきやすいものであると考えられる」

この三人の良心的な裁判官は、右のとおり、現世において分かたれた共同生活を精神的な面ではなお保持し続けている夫婦の美しい関係と傷つきやすい信仰を説きながら、この妻の意に反して護国神社への合祀を申請しこれを実現することにかかわった自衛隊関係者の行為は、政教分離原則に反し、妻の「宗教上の人格権」を侵害する違法な行為であるという判断を示したのである。この人格権は「他人から干渉を受けない静か（静謐）な宗教的環境のもとで、宗教上の感情と思考を巡らせ行為を為すこと」を保障するものであり、それは先に述べたように、個人の宗教生活におけるプライバシーを保護したものと受けとれる。

二審の広島高裁も、一審どおり「宗教上の人格権」の侵害を認め、またもや国側にとって厳しい判決・控訴棄却を言い渡した。

下級審のこれらの裁判官たちの判断は、ほとんどすべての新聞の社説や憲法学者をはじめ国民各層のあいだで高く評価されていた。哲学者久野収さん（東京支援会代表、5ページ注参照）も山口地裁判決当時紙上で「長生きしてよかった」との見出しのもとで「近ごろはこんなスカッとした判決は珍しい。国家は少数者への寛容を持たねばならない」と述べていた。（一九七九年三月二十三日、毎日）

10 最高裁判所大法廷弁論——天下の大事件

国側は一、二審原告勝訴の判決を不服とし、法務大臣は「宗教上の人格権」は認められないなどとして一九八二年六月十四日、最高裁判所に上告したのであった。

その後およそ五年も経過した一九八七年三月四日になって、私の事務所に最高裁判所から電話がかかってきた。この裁判は十五人全員の裁判官で構成する大法廷で審理して判決することに、今日の裁判官会議で決めましたという連絡だった。最高裁の普通の事件は、それぞれ五人の裁判官からなる第一小法廷、第二小法廷そして第三小法廷で審理しているのだ。だから、大法廷で十五人全員の最高裁判所裁判官の前で意見を述べ合い審理して判決する中谷さんの裁判は、天下の大事件というわけだ。

一九八八年六月一日の判決に先立って、その年の二月三日、大法廷弁論が開かれた。

この日、中谷康子さんは、弁護士たちの並ぶ席の真ん中に座った。法律問題を扱う最高裁判所では、法律専門家でない事件本人には発言の機会はなく、したがって彼女も、弁論する弁護士たちの座る席とは柵で区切られている傍聴席に、一般傍聴人とともに座るのが普通なのだ。けれど、「宗教上の人格権」を侵害されている、いと小さき者のこころの平和が乱されていることを、なんとしても十五人の裁判官にじかにきいてもらいたいと考えた弁護団は、最高裁と種々折衝を重ねた結果、最近では例がない本人弁論が認められたのであった。これに伴って中谷さんは傍聴席から弁護士たちの席に移ることになったわけである。

11　逆転敗訴の予感

一、二審敗訴した上告人・国（自衛隊）側の弁論は、法務省の訟務局長が書面を棒読みにするものだった。「中谷さんを勝訴させた山口地裁・広島高裁の判決には、信教の自由と政教分離原則を定めた憲法や国家賠償法の解釈適用に関して極めて重大な誤りがある」、という趣旨の、一審以来の主張を、大法廷でもまたくり返し、たんたんと述べていた。法廷における〝国家〟の言葉にはいつも色つやがない。同じ国家機関の裁判官には十分それで通じるからだろう。いつもの勝者は決して慌てることはない。彼は、ただ冒頭で、十五人の裁判官各位に敬意を表すことだけは忘れなかった。

「最高裁判所が、このような重要な法律上の論点を含む本件訴訟を大法廷において審理することとされ、上告人・国に弁論の機会を与えられたことに対し深く敬意を表し、この機会に、上告人の上告理由書のうち、特に重要な点について弁論をするものであります……」

最高裁は書面審理を建前としている。法廷を開いて当事者の弁論をきいたうえで審理することはしないのが普通だ。ただ、下級審で勝訴した側を逆転敗訴させる場合には書面審理ですませることなく、法廷を開いて当事者に弁論をさせるしきたりだ。下級審で勝訴していた中谷訴訟について、弁論が開かれる通知を受けたとき、弁護団は逆転敗訴の不吉な予感を抱いた。国側の指定代理人が弁論の機会を与えられたことに〝深く敬意を表した〟のは、自衛隊逆転勝訴の見込みができたとみたからかも知れない。

12 「人権の感覚」

このような決して好ましくない状況のもとで、国側の弁論に対し、中谷さんの代理人として反論の弁論に立ったのだが、その冒頭で私は「人権の感覚」ということについて述べることにした。おいおい明らかにしていくつもりだが、最高裁大法廷で争われる事件は、法律論以前の裁判官各自の「人権の感覚」のありようによって、極端に結論が分かれていくのが常である。以下、そのことを踏まえて次のように大法廷弁論を始めたのであった。

もう故人になられましたが、憲法学者の宮沢俊義（三三ページ注参照）さんは、生前に、本件について新聞紙上で「未亡人がいやだといっているのに、強引に合祀するなんて、乱暴な話だ、未亡人の訴えは当然のことだ」といっておられました。

去年、一九八七年は憲法施行四十年に当たりましたが、憲法施行二年の頃、宮沢さんは

「人権の感覚」と題する一文を書かれ、ヴォルテールと、ゾラの名で知られている十八世紀のカラス事件★4とドレフュス事件★5をとりあげ、宗教的少数者やユダヤ人を無実の罪から解放したフランスの民衆の心の内に、この古き時代にすでに「人権の感覚」が相当にしっかり、根

★4　カラス事件—十八世紀フランスで起きた冤罪事件。カトリック（旧教徒）・プロテスタント（新教徒）間に宗教的対立感情が激しかった町に、布地商人のジャン・カラスというプロテスタントが家族とともに住んでいたところ、その息子であるプロテスタントの青年が謎の死を遂げた——自殺か他殺か不明であったが、狂信的カトリシズムに毒された人びとは、これはカトリックに改宗しようとした息子を認めなかった父カラスによる息子殺しであると信じ込み、この一家を糾弾し、裁判所はこの世論に流されるようにたしかな根拠もないまま、父を拷問・死刑にし、一家の財産を没収、遺族を離散させてしまった。
　しかし、最後まで無実を訴え続けた父の無念と残された未亡人と息子たちの誠実さに心を打たれた当代最高の文学者ヴォルテールは、宗教的寛容の必要性を説いた『寛容論』を執筆し世論を喚起し、三年後、ついに原判決の破棄と再審無罪を勝ち取った。

★5　ドレフュス事件—十九世紀末、ドイツ諸邦とフランスの間で起こった普仏戦争に敗れ経済的困難に直面したフランスで、金融界の中心をなすユダヤ人への憎悪が高まり、一八九四年九月、フランス陸軍情報部は、当時フランス陸軍参謀本部の大尉であった「ユダヤ人」のアルフレッド・ドレフュスをドイツのスパイ容疑で逮捕し、終身刑に処した冤罪事件である。ドレフュスは始めから無罪を主張しており、彼の誠実な人柄から無実を確信した妻のリュシーと兄のマテューらは、再審を強く求め、作家のエミール・ゾラなどの知識人が人権擁護のため当局を弾劾し世論は沸騰し、それまで細々と続けられてきたドレフュス支持の運動が一挙に盛り上がった。その後、真犯人が明らかになってドレフュスは一九〇六年に無罪となった。

を下ろしていたことを指摘しています。

話を弁論に戻そう。

宮沢さんは次のように述べています。

「人権の感覚というのは、ゾラの言葉を使えば、『身におぼえのないぬれぎぬを着せられ、責めさいなまれ苦しんでいる一人の純真な人間がいることを考えれば、夜も眠れない』という気持ちである」

「人権の感覚は、自分や、自分の家族が、人権蹂躙《じゅうりん》的取り扱いを受けて、憤激することではない」

「自分となんのかかわりもない、赤の他人がそういう取り扱いを受けたことについて、本能的に、いわば肉体的に、憤激をおぼえることである」というのであります。

そして宮沢さんは、この一文で国民一人ひとりの「人権の感覚」について次のように、大変鋭い指摘をされています。「国民の一人ひとりが、ここにいうような意味の人権の感覚を固く身につけ、人権の尊重すべき所以のものを身をもって体得する」のでなければ「十人のヴォルテールがあり、百人のゾラが出てきても、ほんとうの人権の確立は、とうてい期待できないとおもう」

この憲法学者の「人権の感覚」が、縁もゆかりもない、まさに自分となんのかかわりもない、「赤の他人」である未亡人すなわち、今、私の右隣に座っております中谷康子さんが、本件合祀申請行為による人権蹂躙的取り扱いを受けたことについて、本能的に、肉体的に憤激をおぼえて、「未亡人がいやだといっているのに、強引に合祀するなんて、乱暴な話だ」「未亡人の訴えは当然のことだ」と述べているのであります。

13　日本人の宗教的寛容性——雑居的信仰

ところで、この山口県護国神社への殉職自衛官「合祀」拒否訴訟の法廷で、亡き夫を二つの宗教でとり扱われたくないというキリスト教信仰を持つ原告に対して、被告隊友会の代理人弁護士は、「原告の信仰は〝偏狭な信仰〟である」と決めつけていた。この点について、私は大法廷弁論で次のような指摘をしておいた。

◆

被告県隊友会の準備書面には、原告の信仰は偏狭な信仰である旨の記載があり、法廷における口頭弁論でも同様の決めつけがなされたことを当代理人は決して忘れることはできないのであります。

わが国にはさまざまな宗教宗派が発達併存していて人びとは他宗を認めあう寛容性とともに、自己の内心において神、仏など相異なる宗教を併存しうる意味でも寛容であります。すなわち、正月には夜明けの神社（神道の一宗派）へ参拝に家族づれでくり出し、お盆には墓参り（仏教）、クリスマスにはサイレントナイトを歌い（キリスト教）一家団欒するのです。

けれども、宗教的に寛容な日本人は、その〝寛容性〟の故に宗教的に潔癖な相手の信仰を〝偏狭〟な信仰だと決めつける〝非寛容〟な態度を示すのであります。日本的寛容にはそもそもこのような限界があるのであります。『菊と刀』のベネディクト流にいえば「日本人は宗教的に寛容であるけれども、しかしまた非寛容である」。隣人の個の尊厳・宗教上の人格権・プライバシーをかえりみない「寛容」はもはや寛容の名に値しないのであります。

わが国の最高裁判所大法廷において、われわれが今審理を進めているこの裁判には、日本の精神的風土を問う国民的課題が含まれているのであります。

「宗教的寛容性」の押しつけによって、いと小さき者の夫の死との関係における静謐な信仰生活をかえりみようとしない、このようなことが国の機関によって公然と強行され、法廷においてさえそのような「宗教的寛容性」が強調されるわが国の精神的風土において、最高裁判所裁判官各位の「人権の感覚」が問題の所在を鋭くとらえ、このいと小さき者に法的救済が与えられることに、国民各層の関心が集まっているのであります。

しかし、多数意見の最高裁判所裁判官らの「人権の感覚」はこの弁論を無視した。

もっとも、最高裁判所の多数意見も、この自衛官の妻に一応同情を示してはいる。「人が自己の信仰生活の静謐を他者の宗教上の行為によって害されたとし、そのことに不快の感情を持ち、そのようなことがないように望むことのあるのは、その心情として当然である」と判示しているのだ。しかし、この多数意見の価値観は、その類の「不快の感情」は法律で保護するほどのものではなく、中谷さんは自分のキリスト教信仰の自由を妨害も強制もされていないから、法律的にみて侵害されたものは何もないといって、中谷さんを逆転敗訴させてしまったのだ。それればかりではない。驚いたことに、多数意見は、中谷さんの意に反して、国家機関である自衛隊の権威と支持を背景として実現された、この乱暴な護国神社への「合祀」の自由と、中谷さんの自由との衝突を論じ、いと小さき存在であるこの妻のほうに向かって寛容であれと説いて原告敗訴の判決を下しているのである。

14　唯一の少数意見

中谷康子さんの訴えを認めた伊藤正己最高裁判所裁判官（憲法学者）は、右の多数意見に対して次のように反対意見を判示している。

私は、基本的人権、特に精神的自由にかかわる問題を考える場合に少数者の保護という視点に立つことが必要であり、特に司法の場においてそれが要求されると考えている。多数支配を前提とする民主制にあっても、基本的人権として多数の意思をもっても奪うことのできない利益を守ることが要請されるのはこのためである。思想や信条の領域において、多数者の賛同するものは特に憲法上の保障がなくても侵害されるおそれはないといってもよく、その保障が意味をもつのは、多数者の嫌悪する少数者の思想や信条である。宗教の領域にあっては、わが国における宗教意識の雑居性から宗教的な無関心さが一般化しているだけに、宗教的な潔癖さの鋭い少数者を傷つけることが少なくない。「たとえ、少数者の潔癖感に基づく意見と見られるものがあっても、かれらの宗教や良心の自由に対する侵犯は多数決をもってしても許されない」という津地鎮祭違憲訴訟における藤林裁判官の意見は傾聴すべきものと思われる。

15 〝権力におもねる〟

一、二審勝訴の中谷康子さんを逆転敗訴させた最高裁大法廷判決の言渡しは一九八八年六月一日、午前十時であった。

まもなく、最高裁構内のホールに特設された記者会見場に移る。放列を敷いた各局のライトが小柄な中谷さんをいっせいに映し出した。給食調理員の仕事の段取りをつけて、昨夜のうちに山口から上京していた中谷さんは重い口を開いた。

「十五年間この裁判と取り組んできて、私もさまざまなことを学んできたので〝最高裁は権力におもねる〟ところと想像はしてきましたが……やっぱりその想像にはずれなかった……」

まさに十五年の法廷闘争をここまでやっとの思いで続けてきた中谷さんは、無念さ、淋しさを、その場はもちまえのにこにこした表情に変えて、ゆっくりと感想を述べていった。少し声に力をこめた「最高裁は〝権力におもねる〟ところ」というこの裁判の最終場面での中谷康子さんの証言は、その晩、ほとんどすべてのチャンネルで、一様に、茶の間に放映された。

マスコミは次のように観測していた。すなわち、「この判決は、……全国各地の靖国訴訟だけでなく、靖国神社公式参拝やA級戦犯の靖国合祀など政治問題にも影響を及ぼすものとみられていた。そこに、他への波及をおもんぱかる最高裁の政治的な判断が入り込む余地はなかったか、懸念される」（『毎日』一九八八年六月二日社説）。

16　湯田温泉

山口市湯田温泉。たんぼに囲まれて、小さな温泉宿があった。質素な木造の二階建てである。この宿の二階の二部屋が弁護団の常宿として開放された。長い年月のあいだには、いろいろなことがあった。階下の共同食堂で、疲れたような顔の俳優・渥美清さんとそのスタッフが、夕めしを食べながら打合せをしているのを、横目で見たりした。近くの有名な鍾乳洞、秋吉台にでも撮影にきたのであろうか。弁護団のほうの夕めしには、きまって近海でとれた魚や貝の刺身の盛り合わせがついた。康子さんの差し入れた特別料理だ。

一審判決の前の日の夕暮れである。東京の事務所から数時間、宿にたどりついたばかり、いつもの部屋でぼんやり窓の外を見ていた。突然、誰かが小さな驚きの声を上げた。

「あっ、鶴が舞い降りた！」

指さすほうを一同が見た。なるほど、たんぼのなかの枝ぶりの余りよくない一本松に、それほど大きくはないが、一羽の鶴が羽ばたくのを見た。これはえんぎがよい。明日は勝訴だ。誰もがほほえんだ。するとお茶を入れていた康子さんが笑いだした。

「あら、先生。あれサギですよ！」

翌日の判決で、地元のマスコミの大方の予想を裏切ってわれわれは勝った。あれは、やっぱり鶴だったのだ。

広島での常宿は、二食付きのビジネスホテルであった。この大都会では、特別料理の差し入れはなかった。レクチャーを受けにきた記者が、一度だけ、ホテルの外へ誘ってくれた。宵の町で、珍しい広島料理にありつけるかなと期待したが、「〝合祀〟の弁護士さんだから〝赤ちょうちん〟でいいですね」と彼は、ま顔でいった。雀の焼鳥がうまかった。鶴が舞い降りる風流もなかったが、広島県護国神社の大鳥居の隣の裁判所で、われわれは二勝した。

最高裁では、「宗教上の人格権」を認める少数意見がもっとつくものと予想したが、一つだけであった。判決後の衆議院議員会館での報告集会で、多数意見を批判して、これは歴史認識と人権感覚が欠落した憂慮すべき判決であると憤激してコメントしたあとで、「しかし、中谷さんは二勝一敗で勝ち越しておる」と、胸を張った。会場からどっと笑いと拍手が沸いたのであったが、翌朝、熱心な支援者の青年から抗議の電話がきた。最高裁で負けたことを、もっと深刻に受け止めなくてよいのか、と詰問された。日本の精神的風土を変革しようとするわれわれの運動は、息長く続けねばなるまい。〝人の考えを変えてもらうには時間がかかる〟、肩の力を抜いて、むしろ楽しみながらやろうや、と弁解にこれつとめた。

ろ　ば

みんなでお前を、
引っぱっていこうと思う。
道々お前の尻を
むち打つ奴がいる
かもしれない。
だがお前はいつも、
のろまでいろ。

【指紋押なつ拒否訴訟】

VI 赤い手袋の少女

一九八〇年のことである。このときまで、島国の政府は〝異邦人〟を犯罪者のように指紋によって管理していた。一年以上日本に居住する十四歳、つまり、当時中学三年生以上の外国人は、三年ごとに市区町村の外国人登録係で、一人ひとり、黒い指紋インクをベチョッと塗られた左手「ひとさし指」をつかまれて、回転指紋を採られたのだ。これを拒否すれば、情状が悪い者は、最高三万円の罰金刑とともに、最高一年の懲役刑をあわせて科せられたうえ、住みなれた日本から強制退去を命じられても仕方がない。外国人登録法と出入国管理および難民認定法がそのように定めていた。

ひとさし指の自由

うたがい深い政府は、こんどは動物たちのしもんを集め始めた。ね、うし、とらの順で始めた。最初はうまくいったが、二番目の動物にはひとさし指がなかった。国会が法改正を始めた。染色体学者が呼ばれて、ひづめの動物にひとさし指をつけることになった。――その夜、この島国の総理大臣はぐっすりねむった、とさ。

1　法廷

地方都市の裁判所にしては広い法廷である。満席の傍聴席の片隅に在日朝鮮人の青年は座って周囲をみまわした。青年と同じ年格好の同胞が日本人の支援者に混り、そちこちにいて、目ばかりぎょろつかせていた。腕章をしたマスコミ人が記者席に着く。被告人の若い妻はふたりの幼な児をかばうようにして傍聴席の最前列に座っていた。さっき青年が裁判所の門をはいったあたりでふと出会ったとき、被告人とこの妻は、おそろいの水色の園児服を着た子らをなかにして手をつなぎ、散歩でもするかのようにゆったりと歩いていた。残暑がようやく衰え、青く澄んだ空は秋の訪れを告げていた。法廷にはいると、夫は傍聴席の前に柵を挟んでしつらえた被告人席に坐らせられた。その背中を青年はみつめた。背筋がのびて悪びれたふうは少しもなかった。

指紋押なつを拒否した被告人は、この日証人として喚問された〝日本人の役人〟を自分も直接尋問してみたいと申し出た。証言台の役人の真向い、一段高くなった裁判官席で黒い法衣をまとった年配の裁判長は、被告人のこの申し出を許し、おだやかな口調で「どうぞ」といった。

被告人は前へ出て証言台の右手に佇《たたず》む。左手には検察官がその席に控えていた。

「ぼくは日本で生まれて育ち、これからもずっと、妻と子と、この国に住むつもりです。日本に住んでいる外国人のうち、ぼくのような朝鮮の人たちは幾人いますか」

「登録外国人約八十万人のうち八三パーセントくらいでしょうか」

証人は裁判官席を仰いで威厳のある役人らしい面持ちを示し、たんたんとした口調ですぐさま答えはじめた。役人や政治家は自らの権威を示すために、「数字」を本能的によく覚えこんでいるものだ。

被告人は続けて質問した。

「そんなに朝鮮の人が多いのはなぜですか」

今度は証人はとまどった。この能吏の良心に〝強制連行〟の歴史[★1]が浮かんだからだ。だが、証人は次の瞬間、被告人の顔を冷ややかな目でちらっと見てつぶやくように答えた。

「近いからでしょう」

被告人は追及した。言葉を区切りながら。

「近いと、多いんですか。その外の原因は？」

「……近いからです」

被告人の一連の質問に仕事熱心な若手の検察官がせきこむように異議を唱えた。

「裁判長、公訴事実（指紋押なつ拒否）とは関連性がない……」

被告人はすかさずやり返した。

「いや、検察官、あんたも関連していると思っているでしょう、本当は……」

その声は憤りを通り越して、笑いを含んでいた。

2　ルーツ

青年は日本の植民地時代の同胞の証言を集めたことがあった。数ある証言のなかで、Ａは日本の戦争が始まった頃まだ朝鮮にいた。当時の朝鮮人は、自分の国でありながらすべては日本の支配下にあり、大方の朝鮮人は定職もなく、Aの父や兄もプンパリ（日雇い労働者）をして、五人家族のその日の生活をかろうじて支えていた。その父が病死したとき、Aは十八歳であった。子らは母を中心に悲しみをのりこえて生活苦と闘っていた。そして、Aが二十歳になったとき、その衝撃的な事件が起きた。ある日、いつものようにAが仕事に出掛けようとして外に出ると、日本人数人がたむろしていて、一日三円やるから日本に行って働かないかと、いいよってきたという。その頃、兄は、咸鏡北道《ハムギョンプクト》に出稼ぎにいっていたうえ、姉は他家へ嫁いでいた。Aは老母と二人暮らしであった。金は欲しかったが日本まで出稼ぎに行ける状態ではなく断るほかなかった。すると彼らは怒鳴りながら、有無をいわさずAの腕をつかんで、待たせてあったトラックの荷台に放りこんだ。騒ぎをききつけた母が血相をかえて表に飛び出してきて、日本人に突っかかると、彼らは年老いた母の髪をつかんでひきずり倒し、トラックを出発させた。老母は、それでも起き上がってAの名を叫びつづけていたという。今でも当時を想い起こすたびに、年老いた母の「アイゴー（哀号）、アイゴー」という叫び声が耳にひびいてくるといって、Aは涙を浮かべた。母の消息はそれ以来分からない。こうしてAは足尾銅山に連れてこられ、「死ぬよりつらい労働」、地下深い坑道での二度にわたるひん死の重傷、そして命が

★1　強制連行の歴史―日中戦争・太平洋戦争中、百万人を越える朝鮮人を日本国内・サハリン・沖縄などに強制的に連行し、労働者として強制就労させた歴史。

けの脱走……という、青年には想像もつかない体験をしながら生きのびてきたのだ。

Aが日本へ連れてこられた頃、日本政府は戦争の深刻化につれ、労働力の不足を解消する手段として、一九四二年から四四年までは「官斡旋」により、四四年から四五年にかけては、「国民徴用令」により朝鮮人の強制移住を行ったのだ。こうして、植民地朝鮮から七十数万人とも百数十万人ともいわれる朝鮮人を日本に強制連行し、強制労働をさせる政策が実施された。在日朝鮮人の人口は最盛時に約二百万と推定されていた。

このようにして、日本に定住せざるを得なかった朝鮮人は、日本の敗戦を契機として、続々と米軍占領下の南朝鮮に引き揚げていった。だが、帰ってみると、去っていった日本人によって破滅のうきめをみた経済は回復の端緒もつけられていず、食糧事情は日本の状態よりさらにひどかった。そこで、人びとは住みなれた国、日本へ逆もどりを始めた。この玄界灘の逆流は、敗戦の翌年、四六年の夏と初秋にかけて最高潮に達した。

先の〝役人〟の証言が指摘した数字のとおり、日本における登録外国人の大部分を占める在日朝鮮韓国人は、要するに日本の植民地支配の結果としてこの国の社会に定住するに至ったのだ。今、被告人は自分のこのルーツをひっさげて法廷闘争にのぞんでいる。それは傍聴席で瞳をこらし耳をそば立てている青年自身のルーツでもあった。

3 異邦人

青年は、同胞がこのように日本の植民地政策や戦争責任を追及する場面に、これまで何度も居合わせたことがあった。そんなとき日本人の多くは黙りこんでしまう。「もうよく分かっているのにくどくどと同じことをいう」と、〝一本気〟の牧師夫人がふと漏らすのをきいたことがある。彼女は、婦人会の集まりなどで顔を合わせる小柄な在日韓国人の婦人が、日本の植民地時代に自分たち朝鮮人がどのようにひどい目にあわされたかを、いつも同じ口調で述べたてるのを厭というほどきかされていた。そんな場合、話をきかされる側の日本の婦人たちはただただおし黙っていた。

青年は今日、自分たちのルーツを突きつけて指紋採取という民族差別を糾弾する同胞の試みが、日本の〝役人〟によってはぐらかされていく光景を目の当たりにした。

今にはじまったことではないが、歴史だけをふりかざしても、この島国での人権闘争は結実しそうにない。もっとも、異民族、異教徒を賤しいもの、おとったものとみなし、敵視し、排斥する傾向は世界中どこにもみられる。共通の風俗、習慣をもつひとびとの集団が文化的背景を異にするよそ者を差別することは、古今東西を問わず、人間の心情に根ざしているように青年には思えた。旧約聖書に出ている古い記事を見るとユダヤ人である律法学者は「イスラエル民族に属さない異邦人が救われることは不可能だ」と主張していたのに抗して、伝道者パウロはキリスト者の社会においては「ユダヤ人もギリシャ人もなく、奴隷も自由人もなく、男も女もない」というふうに説いている。けれど、今日、祖国を追われた外国人の「庇護の地」を自称してきたフランスにおいてさえ、〝異邦人〟は明らかに差別されている。北アフリカからフランス本土に渡り定住している移民労働者の子らは、在日朝鮮人の三世である青年と同じような差別構造のなかに置かれてきた。林瑞枝著『フランスの異邦人』（中公新書）に次のような証言が多々集められている。「私はまずなによりもモロッコ人です。それを教えてくれたのはフランス人です。お前はフランス人ではないと差別されて、自分はモロッコ人なんだと自らに言いきかせているうちに、モロッコ人であれという覚悟ができました……」「チュニジアを発ったぼくが着いたところはビドンヴィル（掘っ立て屋のバラック集落）だった。水もない、明かりもない。ショックだった。隣にはジプシー[★2]一家がいて、とてもいい人たちだった。子どもとは大の仲良しになった。学校はきつかった。フランス人と同じようにできるんだってことをいちいち見せなきゃいけない。とにかく八年間いつもいつもクラスで一番か二番になった。何が何でも頑張っていい成績をとれば、差別されなくなる。零から始めたんだ。これからもこの調子でやっていく」「一番になると、先生が『カンニングをしたんじゃないか』と疑う」とうつむく女の子もいる。よほどしっかりした性格の子でないと、この逆境を乗りきっていくのはむずかしいのだ。在日朝鮮人の青年はこれら「フランスの異邦人」の証言を知ったとき、「おれたちだけではなかったのか」と深いため息を吐いた。

4 赤い手袋

テレビのインタビュー、きゃしゃな肢体にチマチョゴリを着た少女は伏し目がちに語り始めた。カメラがその細面《ほそおもて》の色白い顔のほほえみをクローズアップした。小首をかしげるとつやのある長い髪がゆれる。彼女も青年とルーツを共有している。そして日本で生まれ、育ち、日本の学校で、日本人の子らと何ら変わりなく義務教育を受けてきた。朝鮮で暮らしたことはいちどもない。

★2 ロマ—ヨーロッパ各地で移動生活を続けた少数民族。各地で差別・迫害を受けた。かつてフランスに移り住んだこの移動型の民族が「私たちはエジプトからやって来た」と話したことから、エジプト出身者の意味で「ジプシー」と呼ばれたが、彼らはインド・イラン語系のロマニ語を主体としたことから「ロマ」と自称した。最近では「ジプシー」は差別用語とされている。

「うちではオモニ（母）が日本の唐辛子でキムチを漬けていて、わたしもよくたべるわ。コーヒーも飲むわよ。けれど、わたしがそれは辛い祖国のキムチを食べられるかというと、駄目だわ。祖国のコーヒーもわたしの口に合うはずがないのよね。それで、わたしはふと自分がなにものだろうかと思うの。自分は、日本に何年住んでも指紋を採られる外国人だけど、そうかといって祖国では生活できそうにもないのよね……それは、わたしだって祖国に関心はあるわよ。おばあちゃんのいる国だし。よい国になって欲しい……」

少女は十四歳になったとき、自分の存在をたしかめるかのように指紋の押なつを拒否した。その日、この中学生は「なぜ指紋を押さなければならないのか」と真剣に問い質した。大人たちがこれまで真正直に発し問いつめてこなかった質問を、少女は日本の〝役人〟にまともにぶつけたのだ。「わたしの日本人の友だちはだれも指紋をとられません。私は日本で生まれ育って、これからも日本にいるつもりです。私が大きくなってもし結婚できて子どもができて、またその子ができても、みんな指紋を押さなければならないんですか。いったい、何年つづくんですか」。〝役人〟は結論を急いだ「押しませんね」。少女はきっぱり答えた「押しません」。

やがて警察から呼出がきて、少女は拒否の事実を認める自白調書に署名させられ、そのあとで今度は検察庁に出頭しなければならなくなった。警察でも検察庁でも取調中、少女は、取調室に指紋を遺していくことを恐れて、自分で編んだ赤い手袋をはめていた。

検察官は少女の拒否の意志が変わらないことをたしかめると、一件書類を**家庭裁判所**[★3]に送致した。そこでは、書類審査だけがなされ、万引きなど初犯の犯罪少年に対してよくなされる「審判不開始」という「今回に限りおとがめなし」の処分がなされ、この刑事事件は終結された。少女への通知書にはこう記されている。

「あなたに対する外国人登録法違反保護事件について調査の結果、本日、審判をしないことに決まりました。これは、あなたが自分のしたことを深く反省し、二度とまちがったことをしないと認められたからです。これからは、りっぱな社会人になるよう努力してくださ い。なお今後まちがいを起こすと、きつい処分をうけることがあります。保護者も本人が再びまちがいをおこさないための適切な指導と監督をしてください」

★3　家庭裁判所―家庭裁判所は、新しい憲法の理念の元、戦後の混乱もまだ収まらない一九四九年（昭和二十四年）に「家庭に光を、少年に愛を」という標語を掲げて創設された。家庭に関する事件の審判、少年の保護事件などを管轄する。

警察や検察だけではなくこの国の裁判官もまた、赤い手袋の少女は「まちがい」を起こしているというのだ。

5　赤ちょうちん

「二世、三世が人権意識に目覚めてきたのは良いことだが……」

〝赤ちょうちん〟の店の片隅に坐った、終始考え深げな表情の熟年の男が盃を傾けるとぽつりといった。

「だんだんいろいろと、日本人並みに保障されてくると若いもんは民族意識がなくなっちゃいはせんか」

仕事帰りだという日焼けした顔のほかの男が話しだした。

「そうさ、おれなんか普段は朝鮮人を自覚しようとしていないんだな。日本人のふりをして自分にも外にもごまかしている。三年に一度指紋を押すとき、自分の民族意識が覚醒されるんだ。指紋制度はおれにとっていいことなんだな。でも、外登証（外国人登録証明書）の**常時携帯**[★4]はやめてもらいたいね。さっきも、交通取締りをやっていてね、運転免許証を見せろというんだ。顔だけ見たんじゃ分からなくても、お巡りの奴、名前を確認するとすぐ朝鮮人と分かるもんだから、次には必ず外登証を見せろとくるんだ。だから、こんな場合、おれの右手が運転免許証を胸のポケットから出すと、左手は自然とけつのポケットの外登証をつかんで出そうとしているんだな。次は外登証を見せろと必ずくるもんね……。出掛けにうっかり家へ忘れてきようものなら、不携帯罪で交番へ連れていかれ、ややこしいことになる。常時携帯は毎日のことで煩わしくて困るけど、指紋は三年に一度なんだから、これはおれみたいな駄目人間にとっては、朝鮮人を自覚するためむしろあった方がいい……」

手酌で飲んでいた先の男がうなずいてみせた。

★4　常時携帯―かつて、外国人登録をすると、外国人登録証明書（外登証）が発行され、常にこれを携帯する必要があり、外出先で警察官に身分証明を求められた場合には、その場で提示しなければならなかった。家などで保管して外出時に携帯しない場合には、事情聴取のため警察へ連行されることもあった。ちなみに、現在は法改正され「在留カード」となったが、常時携帯の義務は残っている。

6　帰化

キリスト教の教会もこの〝異邦人〟管理の制度に関心をもちはじめた。人のよさそうな赤ら顔の小太りの神父がはたと名案を思いついてにこにこしながらいった。

「指紋を押したくないもんは、帰化したらいい」

帰化とは〝異邦人〟がその定住している異国への「忠誠」を誓う代償として、その国の国民としての扱いを受けることである。〝異邦人〟も帰化すれば「新日本人」となり、犯罪を犯して逮捕されたりしない限り、もはや外国人として指紋を採られることもない。外登証の常時携帯義務からも解放される。「帰化すればよいのだ」、これは神父にとってはわれながらの名案である。

だが、在日朝鮮人、とりわけ一世のあいだでは、日本への帰化は「民族への裏切り」と考えられている。また、二世にとって帰化は「うしろめたさ」であるという。民族の主体性をないがしろにされた強制連行、**皇国臣民化**[★5]、人間性の抑圧を伴うさまざまな日本政府の同化政策、この国に帰化することは、これら在日韓国・朝鮮人の歴史を自ら否定することを意味するからだ。

この神父は隣人のそのようなこころの痛みにまったく気づいていなかった。隣人の事情を知らないままにひとりよがりな〝名案〟を押しつけたり、隣人をさまよう子羊にみたてて導こうとする羊飼い役の聖職者はどこにもいる。

いつもは控えめな青年が白い歯を見せて笑った。

「こないだ、取引銀行の支店長がうちのおやじを呼んで帰化を奨めたというんだ。そうすればもっと高額な事業資金の貸し付けも可能になるといわれたんだ。うちの規模の日本人の事業ならもっと借りられるはずなのにとおやじはいつもぼやいている。神父さんならとっくに帰化してお金儲けししているね……」

日本社会の朝鮮人に対する民族差別のなかに、幼い頃から身を置いてきた青年の仲間の幾人かは、どうせ日本に住むのだからといったあきらめから、すでに帰化してしまった。年間の帰

★5　皇国臣民化―旧憲法時代に日本が統治した地域の日本民族以外の人びとを天皇の統治する国の民（皇国臣民）とする政策。とくに日本の植民地朝鮮の小学校（普通学校）で朝礼のときに皇居遙拝し次のような、『皇国臣民の誓詞』を暗唱させられ、神社参拝を強制された。「一つ、私たちは大日本帝国の臣民であります」「一つ、私たちは心を合わせて天皇陛下に忠誠を尽くします」

化者は約五千人いる。これは帰化を許可された人の数であるから、申請者はこの数をはるかに上まわっているといわれる。

先の『フランスの異邦人』によると、彼らのなかでポルトガル人に次いで人口の多いアルジェリア人は、フランスに帰化することは祖国に対する「裏切り」だと感じる者が大部分で、滞在年数が長くなっても「外国人」にとどまっているという。**アルジェリア**[★6]は、一九六二年独立する前はフランスの海外県だったので、アルジェリアのもともとの住民もフランス国籍だった。一九五四年から、アルジェリア民族解放戦線FLNが始めたアルジェリア独立戦争で民族の血を流したすえ、六二年になってアルジェリア国民になることを勝ちとった、という自負心をもっているから、帰化してフランス国民になることは、祖国に対する「裏切り」だと大方のアルジェリア人は感じているわけだという。もっとも、帰化してフランス国籍になったからといって「民族としての栄誉ある誇りは胸の奥ふかくきざまれている」ので、アイデンティティーが失われるとは思わない、国籍と民族の心とは別のものだと考え、「同化なき帰化」をする人びともいるという。帰化すれば政治活動も自由となる。これらのひとびとは国籍を便宜的な性質をもつものと受け取っているという。

青年には「同化なき帰化」など信じられなかった。帰化して「新日本人」になった事業家の叔父は、その後同胞との交際を避け、兄弟や親戚とも親しく往き来しなくなったからだ。この国での帰化は人間を駄目にする――父がいつかそう歎くのを青年はきいた。

7　梟《ふくろう》

『フランスの異邦人』は嘆く。「おれの親は三十年もナンテールのビドンヴィルに住んだ。道路を作ったし、建物もたてた。おれたち子供が、アルジェリア人として外国籍のままフランスに住みつく権利があってもいいじゃないか」。「ぼくはフランス人と結婚してフランスを、フランス文化を選んだ。親が兵役はアルジェリアでつとめろというので、二年を『祖国』で送ったが、そこは自分にはまったく別の世界だったからだ……」。これは〝ふるさと無き世代〟と呼ばれるフランスの移民労働者の子らの証言である。その二世の一人、独学で歌手となったカリム・カセルは述懐している「恥ずかしいけど、フランス語でしか詩をつくれない」。

日本生まれ、日本育ちの青年にも祖国の朝鮮語はできない。覚えようという気もない。いつか青年は在日青年の夏の集いで配られたパンフ「在日本朝鮮青年同盟の任務」のなかに〝在日朝鮮人青年は朝鮮語を学べ〟とあるのを読んだ。その夜、青年は梟の住むキャンプ場の

★6　アルジェリア―アフリカ北西部、地中海岸にある民主人民共和国。フランスの旧植民地で一九五四年以来、民族解放戦線を中心とする解放運動の末、一九六二年独立。首都アルジェ。

森の闇のなかでまんじりともしなかった。星だけが異様に輝いていた。祖国の論文を紹介していたそのパンフは「朝鮮語を知らない朝鮮人は朝鮮人とはいえない」といっているのだ。青年はつぶやいた「朝鮮語ができなければ本当に朝鮮人ではないのか。それではおれは一体なにものか」。あの赤い手袋の少女が肌で感じていたものを、青年もその夜感じていた。

【韓国・朝鮮人BC級戦犯者の国家補償請求訴訟】

Ⅷ カンナの花

高校生と語る戦後補償・人権

高校生に戦後補償裁判、とりわけ、私が代理人をつとめた韓国朝鮮人BC級戦犯者について講演する機会を得た。

1 アジア太平洋戦争

今日は、日本の大方の国民が知らない話をします。それは、日本の国民として、国際的に、とても恥ずかしい話なのです。

私は、弁護士として、「日本の戦犯《せんぱん》」とされて長年苦しい思いをしてきた韓国・朝鮮の人たちが、日本政府に謝罪と補償を求める裁判を担当しました。「戦犯」というのは**「戦争犯罪人」**★1

のことです。

日本がアメリカやイギリスそれからオーストラリア、オランダ、中国などの連合軍と戦争をしたことは知っていますね。この戦争は当時、「大東亜戦争」と呼ばれ、今では「アジア太平洋戦争」と呼ばれています。

そこで問題。その日本が仕掛けた戦争は千九百何年何月に始まったか、分かる人？（誰も答えない）戦争のことはよく分からないかな――一九四一年（昭和十六年）十二月八日ですね。

では、日本はどこで戦争を始めたか、分かる人？（生徒たち〝ハワイ〟、〝真珠湾〟とつぶやく）。そう、そのハワイの真珠湾にはアメリカの主力艦隊が集結していたのですが、日本軍の先制攻撃によりアメリカの軍艦が役に立たなくなった。それで、日本軍はアメリカの主力艦隊が、太平洋を渡って南方へ攻めてくる心配がないので、安心して東南アジアに向かって四つの作戦をたてて進撃したのです。配布したプリントにある当時のアジアの地図を見ながら聞いてください。

一番目の作戦はマレー作戦です。マレーを根拠地にしていたイギリス軍を完全に滅ぼすため、真珠湾攻撃の一時間前、早くも日本軍はマレー半島に上陸を開始しました。

二番目は、フィリピン作戦。フィリピンを根拠地にしていたアメリカ軍をアジアから追い払うための作戦。

三番目は、スマトラ、ジャワ、ボルネオ・今のカリマンタン、セレベス・今のスラウェシなどの島々に攻め入る作戦。日本の侵略戦争の一番のねらいはこの付近、今のインドネシアの油田を手に入れることでした。この作戦のために、まずマレー、フィリピンを確保する作戦がとられたのでした。

四つ目はビルマ、今のミャンマーを平らげるインパール作戦です。当時日本と戦争をしていた中国へイギリスとアメリカはビルマから物資を補給したりして援助していたので、この中国への援助ルートを遮断して、日本と中国の戦争を日本に有利にするために、ビルマを平らげようという作戦です。

真珠湾急襲に成功し、アメリカの軍艦が太平洋を渡って東南アジアへ攻めてくる心配がないのでこれらの作戦をどんどん進めました。フィリピンを占領してダバオ飛行場から落下傘部隊を乗せた飛行機を飛び立たせ、セレベスに日本最初の落下傘部隊七百人を降下させ、続いてスマトラ南部のパレンバン油田を手に入れるためにここに三百人の落下傘部隊を降下させました。

★1　戦争犯罪人―ここでは、捕虜虐待の罪を犯したとして、処罰されたコリアンガードなどを指す（BC級戦犯）。
さらに、第二次世界大戦以降、侵略戦争を準備・開始したもの（A級戦犯）、民間人への政治的、人種的、宗教的迫害、集団殺害に係わったものなども戦争犯罪人とされ裁かれた。スポーツ紙などがプロ野球の敗戦の主な責任者をA級戦犯などと呼ぶが、正しい使い方ではない。

この四つの作戦で日本はフィリピンやマレーやインドネシアやミャンマーに住んでいた大勢のアジアの人びとを傷つけ大変な被害を与えたのです。

2 捕虜の権利

この日本の巧妙な作戦で、アメリカ軍、イギリス軍、オーストラリア軍、オランダ軍など連合国側の白人兵士が約十万人も降伏してきて日本軍の捕虜になりました。

ここで捕虜に関する国際条約の話をしておきましょう。第一次世界大戦のあと一九二九年（昭和四年）、世界の主な国々は「俘虜の待遇に関する条約・ジュネーブ条約」を結びました。条約の日本語訳には「捕虜」のことを「俘虜」と書いてあります。このジュネーブ条約にはそれは詳しく俘虜になった者の権利がいろいろ定められています。「俘虜ハ其《そ》ノ人格及名誉ヲ尊重セラルベキ権利ヲ有ス」「俘虜ノ食料ハ其ノ量及質ニ於テ補充部隊（戦線ノ後方デ勤務シテイル部隊）ノモノト同一タルベシ」「俘虜ヲ捕エタ者ハ俘虜収容所ノ清潔及衛生ヲ確保シ且《かつ》伝染病予防ノ為必要ナル一切ノ衛生的措置ヲ執ル義務アルベシ」

しかし、日本はこのジュネーブ条約を批准《ひじゅん》しませんでした。この条約に加わらなかったのです。なぜか。軍人が反対したからです。当時、日本人は『捕虜になるな、捕虜になるくらいなら自決せよ、死んでしまえ』というように教育されていたから、日本人で捕虜になって生き延びる者はいないはずだ——捕虜の権利を守る条約を日本は結ぶ必要はないというのです。当時の陸軍大臣東条英機は、天皇の裁可・許可を得て、『戦陣訓《せんじんくん》』という戦時下の道徳を、軍人や一般国民に守るよう指示していました。この『戦陣訓』には「生キテ虜囚ノ辱《りょしゅうはずかし》メヲ受ケズ、死シテ罪過《ざいか》ノ汚名ヲ残スコトナカレ」と書いてありました。つまり、捕虜になって生き延びて恥をかくな、捕虜になったら死んで恥をかかないようにするのが日本人の道徳だ、というのです。

こういう捕虜についての考え方に立つと、捕虜は恥知らずの人間で牛や馬と同じだ、だから大切にとり扱う必要はないということになり、捕虜の権利を保障するジュネーブ条約に反して捕虜を虐待しても何とも思わないということになるのです。

戦争が始まったとき、アメリカはじめ連合国側は、日本はジュネーブ条約に加わっていないけれども、条約どおり日本の国民の権利を保障するから、日本も連合国の国民の権利を保障してもらいたいと、中立国のスイスを通じて申し入れてきました。これに対し、日本の外務大臣は、日本はジュネーブ条約を批准していないけれども、この条約を守る・準用するという約束をしていたのですが、これから話すように、その約束をまったく守らなかったのです。

3 コリアンガード

話をもどしましょう。この裁判の原告は七人いますが、その一人李鶴来《イハンネ》さんの話をします。彼は、一九二五年朝鮮全羅南道《チョルラナムド》で農家の長男として生まれ、小学校卒業後、家の農業に従事したあと郵便局に勤めたりしていたのですが、日本の戦争が始まった翌年の一九四二年六月、十七歳の彼は、南方へ行って白人の捕虜を監視する役をするようになったのです。

その前月、五月二十三日付、朝鮮の新聞『京城日報』は大見出しの記事で「米英人捕虜の監視に半島青年数千名採用——皇国民の誇り、いよいよ高し」と報じていました。当時の日本政府、陸軍省は、南方における捕虜の処理要領を策定して、朝鮮人および台湾人を軍属として白人捕虜の監視に当たらせるという決定をし、朝鮮半島では、三千人という大規模な捕虜監視要員（コリアンガード）の募集を行ったのです。

この日本政府の決定について、東京高等裁判所は弁護団の主張立証を受けておよそ次のように判決しています。「日本政府の右決定については、欧米人である白人捕虜を植民地の朝鮮人および台湾人に監視させることによって、天皇が統治する国の民（皇民）として、また天皇の軍隊（皇軍）の一員となることによって、誇りを持たせるという意図があった」旨判示しているのです。日本人といわれながらも、差別されていた植民地朝鮮・台湾の人びとに対して「お国のために軍属として貢献すれば、その差別的な地位から脱することができるかも知れない」という期待を持たせて動員をしていったという、権力者の巧みな支配です。

ところで、みんなが習った中学社会の教科書に、一八九四年の日清戦争と朝鮮問題のことが出ていたと思います。この裁判で私は裁判官に原告たち韓国・朝鮮人の立場をよく分かってもらうために、日本書籍の『中学社会——歴史的分野』という教科書を証拠として提出しました。文部省（今の文部科学省）検定済みのその教科書には、次のように書いてあります。「清国は朝鮮を保護国としていたが、日本はこれを認めず日朝修好条規を結んで開国させた。その後、日本は朝鮮に日用品などを売り込み、米を安く買い入れるなどして次第に勢力をのばした」。私はここに赤線を引っ張っておきました。

日本は当時、軍事力を強めて、朝鮮の人びとの抵抗をおさえて日本で作った日用品などを売りこみ買わせたうえ、他方で朝鮮の人びとが作った米を安く売らせ買いこんだのです。これでは日本は儲《もう》かり、経済的に繁栄し、朝鮮の人びとはみじめです。このように自分の国を繁栄させるためには、朝鮮民族など他民族を支配してもやむを得ないというのが、日清戦争の頃からの日本の考え方でした。

このような日本の自分勝手な考え方がもたらした朝鮮や中国や東南アジアの人びとに対する

侵略の傷跡は広く深く、今なお残っていて、今、その日本の責任がアジアのあちこちから追及されているわけです。

ところで、李鶴来さんは日本軍の「兵隊」になったわけではなく、民間人として、「軍属」として、南方へ行って捕虜収容所にいる捕虜の食事や日常生活の面倒をみたり、捕虜が逃げないように見張ればよいと思っていました。また、二年たてば帰してくれるという約束でした。ところが、日本軍の「兵隊」になったと同じような教育を受けるはめになり、李鶴来さんはびっくりしてしまいました。「強い日本人」になれと、むやみやたらに上官からビンタを食わされ、明治天皇が定めた『軍人勅諭《ぐんじんちょくゆ》』を暗唱させられました。この『軍人勅諭』には「下級のもの、下のものは上官の命令を承《うけたまわ》ること、実は直ちに朕《ちん》が命を承る義なりと心得よ」とありました。天皇は当時自分のことを「朕」といっていました。「上官の命令は天皇の命令」と思ってことのいかんを問わず直ちに従えというのです。

そして、当時の陸軍刑法という法律には、敵と向かい合っているとき、敵前で上官の命令に背いた者は死刑、と定められていました。李鶴来さんたちは、朝鮮民族であり、日本民族ではないけれども「上官の命令は日本天皇の命令」として、そのことのいかんを問わず直ちに服従すべきであるという意識を植えつけられ、皇軍《こうぐん》の一員とされたのです。天皇が最高指揮権者として率いる軍隊のことを「皇軍」といいます。

さて、こういう軍事教育を受けた李鶴来さんは、南方に連れて行かれ、シンガポールにあるタイの捕虜収容所でイギリス人やオランダ人やオーストラリア人の白人捕虜の監視をさせられました。

4 泰緬《たいめん》鉄道

日本軍は当時、白人捕虜に十分な食料も与えず、またジャングルのなかで赤痢や熱病にかかった捕虜のためにろくな医薬品も与えないうえ、栄養失調と病気でやせ細った捕虜に泰緬鉄道建設の突貫工事をさせていました。

この鉄道は、タイからビルマへ、戦争するために使う軍事物資を輸送するのに必要な鉄道なのです。タイからビルマへ、インドとの国境近くまでのあいだを走るこの泰緬鉄道の建設工事はジャングルに分け入り、断崖に線路の路盤を作る難工事なのに、作戦を早く実行するために突貫工事でやれという「大本営」の命令が出ていました。大本営というのは天皇を助ける最高の作戦指導機関のことで、天皇に命令された日までに必ず実行しなければなりません。この大本営の命令には、この突貫工事に「捕虜約五万名を使え」とありました。

日本軍の鉄道建設隊や上官は李鶴来さんたちコリアンガードに、たとえば「明日はおまえが監視している捕虜収容所の捕虜百名を工事現場へ連れてこい」と命令します。しかし、捕虜のなかの軍医さん・お医者さんが、仲間の捕虜たちの健康診断をしてみると、栄養失調と病気の者が多く、とても百人も働きに出すことはできません。けれど、李鶴来さんたち捕虜監視員は、百人連れて来いという上官の命令に背くことができず、命令された捕虜の頭数を揃えて、病気の捕虜でも少しでも動ける者は無理して工事現場につれて行かざるを得なかったのです。工事現場で倒れて死んでしまった捕虜も大勢出ました。それでコリアンガードたちは後に戦犯にされるのですが、上官の命令は天皇の命令であり、背けば自分が罰せられ、死刑にさえなるのですからコリアンガードはどうしようもないはめに陥るのです。捕虜をこんなふうに扱ってよいのでしょうか。これは明らかに国際条約に反する俘虜虐待です。

5　アルヒルの難所

東京高裁での最後の本人尋問を一週間後に控えた一九九七年（平成九年）十一月、私はこの突貫工事が強行されたタイの現場へ行って検分しました。今なおその一部が残る泰緬鉄道の駅カンチャナブリを経て、タムクラセ駅で下車し、この鉄道の起点ノンブラドックから一千八十一キロ地点にある「アルヒルの難所」へ行ってみたのです。まさに聳え立っている大岩石の壁に沿ってクワイ河の濁流が渦を巻いて流れていました。このような厳しい立地条件にある大岩石地帯のS字型の切通し（岩石の山を切り開いて通した道）に設置された単線の粗末な線路敷に泰緬鉄道の朽ちた枕木が今もなお並び続いていていました。

次の法廷で私は、大本営命令による無謀な人海戦術を彷彿とさせる何枚かのアルヒルの難所の現場写真を証拠として提出し、控訴審での最後の証言をする李鶴来さんに尋ねました。その速記録です。

今村　ところで、私が会ったタイ人の旅行業者のワアさんという四十代の真っ黒に日焼けした男性ガイドさんは、泰緬鉄道について、わりとうまい日本語で次のように説明をしていました。日本の兵隊さんは一生懸命造りましたね。けれど、急ぎ過ぎたためにたくさんの悲しいことが起こったよ、日本の人、その歴史のこと、よく分かっていますね、と言っておりました。

イ・ハンネ　そうでしたか。

今村　タイの人も、〝ロームシャ〟（労務者）としてこの人海戦術の突貫工事に駆り出され被害を受けているわけでして、日本人の私は責任を追及されているようでびくっとしましたけれども、この急ぎ過ぎたことが原因で俘虜虐待を招き、そのために俘虜監視員が戦犯になったと受け取れるんですけれども、あなたの体験からすると、この現地のガイドさんの説明はそのとおりと言えるでしょうか。

イ・ハンネ　まったくそのとおりだと思います。原審でも申し上げましたが、大本営の命令で、昭和十八年八月いっぱいまでには何が何でも仕上げなくちゃいけないということで、人海戦術で毎日のごとく突貫工事でした。

今村　あなたは当時軍人精神旺盛で、早くしなくちゃと、上官の命令を忠実に実行し、病気の俘虜でも少しは働けるものを工事現場に駆り出したりもしたというわけですね。

イ・ハンネ　そうです。大本営命令を受けて工事の完了を急いだ鉄道隊からは、毎日のごとく作業割りについて矢のように催促がきます。時には非常に恐ろしい事態が発生することもままありました。

今村　証拠として提出したNHKスペシャルの映画のなかにも、鉄道隊員がこの俘虜収容所のほうにどなりこんでいったということがありますね。

イ・ハンネ　そうですね、もう一人でもいいから出せと言ってどなり込んできました。

今村　ところで、俘虜の人たちは、早くやってくれということについて何か言っておったでしょうか。

イ・ハンネ　スピード、スピードという言葉がよく使われて、せかされました。早く、早くと。
今村　あなたが現場で体験したことは、この悲劇の直接の原因は突貫工事を命じた大本営命令という、そういう具体的な「政府の行為」であるということになりますか。
イ・ハンネ　そのとおりですね。大本営命令がすべての起こりであり、またコリアンガードが責任を負わされたということになります。

この無謀な鉄道建設工事で酷使された俘虜一万三千人が死亡したといわれます。そして、「現在なお病床に呻吟《しんぎん》する（うめく）ものの数は知れず、この作戦は外国では、広島、長崎の原爆投下と同等、あるいはそれ以上の悲惨事として喧伝《けんでん》されている」（永瀬隆『「戦場にかける橋」のウソと真実』、岩波ブックレット）ということです。

泰緬鉄道

断崖絶壁の切り通しに差し掛ると、
機関車は速度を落した。
あの白人捕虜の悲しみと、

若い監視員の甲高い声を呑みこんで、
渦巻いて流れるクワイ河の濁流は、
今も変ることなく、

そのほとりで一茎のカンナを見つける、
袈裟《けさ》を纏《まと》って読経する僧侶のような佇まい。

6　戦争犯罪裁判

ところで李鶴来さんたちは監視員になって二年が過ぎても、日本軍は約束を守らず、このような国際条約に違反する捕虜の監視の役目をやめさせてもらえないうちに、日本は戦争に負けたのです。

日本が戦争に負けたのは、一九四五年八月十五日ですね。日本はアメリカや、イギリス、中国、ソ連などの**ポツダム宣言**[★2]を受諾して無条件降伏したのですが、ポツダム宣言の十項に次のように定められていました。「吾等は、日本人を民族として奴隷化せんとし、又は国民として滅亡せしめんとする意図を有するものに非ざるも、吾等の俘虜を虐待せる者をも含む一切の戦争犯罪人に対しては、厳重なる処罰を加えらるべし」というのです。

戦争中の日本軍の国際条約に反する俘虜虐待があまりにもひどかったので、ポツダム宣言は「吾等の俘虜を虐待した者」を戦犯として厳重に処罰すると定め、日本政府はこれを受諾したのです。

日本が戦争に負けたとき、「戦犯裁判」が始まるという噂をコリアンガードの李鶴来さんたちは耳にしましたが、自分たちは日本の命令でやったのだから戦犯になることはないと思い、皆、何の心配もしていませんでした。

そして、李鶴来さんたちは、シンガポールで日本への引揚船が来るのを待っていました。そこへ、かつての俘虜を連れて面通しに来たオーストラリア軍によって李鶴来さんはお前は監視員だったろうといわれ、逮捕されてしまいました。コリアンガードの背後で命令していた上官は捕虜に顔を覚えられていなかったので逮捕されず、戦犯にならなかったのに、直接捕虜に接していたコリアンガードは顔を覚えられていたので逮捕されてしまったのです。

逮捕された李鶴来さんは、シンガポールのチャンギー刑務所に入れられ、そこで戦争犯罪裁

★2　ポツダム宣言―一九四五年七月二十六日、アメリカ合衆国大統領・イギリス首相・中華民国主席により、大日本帝国に対して発せられた十三か条の降伏要求の宣言。日本は一九四五年八月十四日この宣言を受諾、八月十五日にラジオ放送で日本国民に発表された。

判にかけられ、捕虜虐待の罪で死刑判決を言い渡されてしまったのです。十分な食糧も医薬品も与えず、栄養失調と病気の捕虜を工事現場へ連れて行ったのは捕虜虐待の罪になるというのです。李鶴来さんはいろいろなことがあって二十年に減刑されて生き延びることができたのですが、銃殺刑や絞首刑になって死んでいった仲間もいました。原告の一人である卞光洙《ピョングァンス》さんのお父さんは銃殺刑になってしまいました。

ところで、絞首刑というのはどのように執行されるか知っていますか。古くから行われている方法は絞首台に登らせて、十三階段などといわれていますが、階段を登らせ絞首台に立たせ、上からぶら下がった縄の輪に首をかけさせる。すると、立っている絞首台の踏板がカタンとはずれて体が下に落ち宙にぶらさがり、その体重で縄の輪で首が絞まって死ぬ――そういう仕掛けになっているのです。

李鶴来さんは減刑されたけれども、それから一九五六年（昭和三十一年）に仮釈放されるまで十一年もスガモプリズン（講和条約後は、独立した日本政府に移管された「巣鴨刑務所」）に入れられたのです。逮捕されてから四千二十六日も自由がなかったのです。その後の人世は狂いどおしです。こんな悲惨なことがあるでしょうか。李鶴来さんたちBC級戦犯者は、従軍慰安婦や強制連行された人たちと同様に、日本の植民地支配の被害者でありますが、そのうえ、日本の戦犯とされ加害者責任を負わされてしまったのです。日本政府は彼らに謝罪し、謝罪のしるしとしての補償をすべきなのに、そんな法律はないといって応じないし、国会も法律を作らないので裁判になったのです。私は日本の弁護士としてとても恥ずかしい思いでこの裁判を担当しています。

この裁判の原告は文泰福、李鶴来、尹東鉉、金完根、文済行、朴允商、卞光洙の七名で、弁護団は私の他同期の小池健治弁護士、平湯真人弁護士、英語に強い木村庸五弁護士そして若手の秀嶋ゆかり、和久田修、上本忠雄弁護士の七名です。

また、「韓国・朝鮮人ＢＣ級戦犯者」に関する著名な研究者であり、かつ、長年にわたり原告らの支援活動をされてきた内海愛子先生に、弁護団の顧問をお願いしてきました。

7　Ｐホール

ここに李鶴来さんが法廷の証言台で述べたことを記録した速記録があります。デス・バイ・ハンギング（絞首刑）の宣告を受けた李鶴来さんは、シンガポールのチャンギー刑務所のＰホールに収監されました。Ｐホールには死刑囚だけが収監されていたのですが、中庭があってその周りに、イギリス軍のインド兵などがいる警戒兵詰所と、二十ほどの独房がぐるっと並んでいたといいます。そして、判決言渡し後二か月から三か月ぐらいのあいだに、順次絞首刑が執行されていくのです。私は証言台の李鶴来さんに次のように尋問し、李鶴来さんは次のように答えています。

今村　仲間の絞首刑が執行されることは、独房にいる皆さんにはすぐわかるんですか。

イ・ハンネ　すぐにわかります。

今村　絞首台はすぐ近くにあるからわかるということですね。少し具体的に話していただけますか。

イ・ハンネ　もう朝になりますと、番兵が処刑される仲間の独房のドアをカチャカチャッと開ける音がして、連れ出されたその仲間に頭巾をかぶせる。そうしておるうちに、処刑される仲間は「ただいま出発」と言って大きな声を張り上げる。そうすると監房にいる私たちはそれに対応のしようがないんです。「元気でいけよ」ということしかないですね。そうしているうちに、ドッドッドッと足音がします。

今村　それは絞首台に行く、階段を上る音ですか。

イ・ハンネ　ええ、絞首台に行く足音です。で、上がって、ほんとうに、もう大きな声で「天皇陛下ばんざーい、ばんざーい」と言うし、私たちのコリアンガードの仲間では朝鮮語で「テハンドンリプマンセ（韓国独立ばんざーい）」、こういうのが本当に天地に響くぐらい大きな声でそういうことをやっているうちに、カタンという音が聞こえるんですよ。
今村　カタンというのは、まさに絞首刑の瞬間の音ですね。
イ・ハンネ　そうです。私たちは、ただひざまずいて、冥福を祈るというふうなことしかできなかったですね。

李鶴来さんたちは、仲間が死刑を執行されるときはPホールの中庭に出されることはなかった。仲間の死刑の執行が終わってその中庭へ出されたときのことを李鶴来さんは手記に次のように書いていています。「中庭にはカンナの花が咲いていた」というのです。カンナの花というのは、李鶴来さんの説明だと「葉っぱが、ちょっと大きくて背丈がけっこうあるんですが、赤と黄色がちょっと混じっているような花です」。

では李鶴来さんの手記を読みます。

「死刑執行後、独房から出されて、中庭に出たときのその悲しさはたとえようもない。中庭のカンナの花は変わりなく咲いている。青空にはつばめが高く、低く飛んでいる。自然は、私が見る目には変わりはないが、数十分前までいた彼らは一体どこへ、どこへ。彼らが以前座っていた中庭のその場所にはだれもいない」。

このカンナの花は、死刑囚の食事を運んでくる人が、中庭に作ってくれた花だそうです。

ところで、減刑になる前、李鶴来さんは、あしたの朝にも、絞首刑が執行されるかも知れない身でありました。Ｐホールで死刑執行を待つ李鶴来さんは、そのときの悩みを次のように供述しています。

「まず、日本が敗けて日本の植民地であった自分の祖国は独立をして、みんなが喜んでいるのに、日本に協力して、対日協力者として捕虜を虐待したということで、死んでいかなければならないという民族的な負い目、それからこの知らせを受けて、親たちがどんなにつらい思いをしてるだろうかと、一体何のために、だれのためにおれは死んでいかなければならないのか。日本人戦犯の場合は、その戦争の善し悪しは別としても、一応は自分の国のために死んでいくんだというような心の諦めがあります。だけど、私たちには、その心のよりどころさえなくて、日夜悩みました。亡くなった友人たちの気持ちもおそらく、全く同じ気持ちで死んでいったと思います」

私は尋問の終わりに次のような質問をしました。

今村　あなたは幸いに減刑されて生き延びて、この裁判を起こして、今、証言台で質問に答えているわけですけれども、死刑を執行された仲間のことをどのように思っているかおっしゃって下さい。

イ・ハンネ　さっきも申し上げたんですが、仲間たちが執行されてるんですが、これはまったく私と同じような気持で無念な考えで、涙をのんで死刑の執行をされたと思います。死んでいったと思います。私たちとしては、その友人たちの無念さ、怨念、これをこの日本政府の責任を問う裁判を通して晴らしてやりたい、そういった気持でいっぱいです。それがせめて生き残った私たちの使命であり、責務だと思っております。

李鶴来さんがこの証言をしているとき、法廷は静まりかえり、この証言を速記していた女の人も泣いていました。傍聴席にいた若者たちも手の甲で涙をぬぐっていました。日本の戦争に駆り出され、日本の戦争責任を負わされて絞首刑や銃殺刑になってしまったり、二十代、三十代の人生で一番大切な時期を日本の戦犯として、初めは南方の刑務所、次に「スガモプリズン」に移管され、講和条約によって日本政府の管理する「巣鴨刑務所」に長年にわたって収容され、自由を失った韓国・朝鮮の人たちがいることを、どれだけの日本の国民が知っているのでしょうか。皆もこの話を家族や友だちに伝えてください。

8　上官の命令

ところで、戦争犯罪裁判にかけられたときBC級戦犯の人たちは、日本の天皇制のもとでは、上官の命令は絶対的服従義務がある、従わなければ死刑になるので、上官の命令どおり栄養失調や病気の捕虜を工事現場へ連れて行かざるを得なかったと弁解しました。また、捕虜に食糧や医薬品を必要なだけ与えなかった責任を追及されても、当時二十歳前後のコリアンガードに食糧や医薬品を捕虜に与える権限などなかったのです。

『私は貝になりたい』というTBSの有名なテレビドラマがあります。古くからある『私は貝になりたい』の主演はフランキー堺さんですが近年（一九九四年）放映されたものは、所ジョージさんの主演でした。スガモプリズンに収容されていた日本人BC級戦犯者の、加藤哲太郎さんの作品をもとにしたこのドラマの中心人物の豊松さんは兵隊になりたてだったのですが、戦争が終わり、太平洋に面した郷里の四国に帰って、妻の房江さんと床屋さんをやっていた。そこへ当時の敗戦国日本を管理していたアメリカ兵と一緒にジープでやってきた警察官に、BC級戦犯容疑で逮捕されてしまう。戦争中、日本を空襲にきたアメリカの飛行機が打ち落とされて、アメリカの兵隊が落下傘で降りてきて捕虜になる。その捕虜を上官の命令で新兵の豊松さんは突き刺したことがあるのですが、そのことでＢＣ級戦犯として逮捕されたわけです。そして、裁判にかけられ死刑になってしまう。死刑の直前に、豊松さんは妻と子どもの健一に鉛筆で次のような意味の遺書を書いているのです。

「……お父さんは生まれ代わっても、もう人間なんて嫌だ。いっそのこと誰も知らない深い海の底の貝になりたい。深い海の底なら戦争もない、兵隊に取られることもない。房江や健一のことを心配することもない……どうしても生まれ代わらねばならないのなら……私は深い海の底の貝になりたい……」

朝鮮人「ＢＣ級戦犯」も、豊松さんのような日本人ＢＣ級戦犯も、法廷で「上官の命令でやったんだ」「この国では上官の命令は天皇の命令で従わないわけにはいかないんだ」「従わなければ自分が死刑にされてしまうんだ」と、声をしぼっていったのです。

けれど連合国側の裁判官は「いくら上官の命令だからといって、不当な上官の命令には従うべきではなかった」「お前は自分の良心に従って不当な上官の命令だと思えば、従うべきではなかったのに、自分の頭で、自分の心で考えずに上官の命令に従った」ということで、個人責任を追及され有罪になるのです。

そんなことをいわれても困ってしまいます。日本は、個人を大切にする西欧のような民主主義国ではなかったのです――日本人は上官の命令が良い命令か、不当な命令かを自分で判断してはいけない、上官の命令は天皇の命令だから、ことのいかんを問わず直ちに従えという教育しか受けてこなかったのです。自分の考えを持ってはいけない、というのが日本軍の教育だったのです。

日本の植民地朝鮮の小学校――それは普通学校といわれていましたが、李鶴来さんはその普通学校の教育について次のように証言しています。「私が行っていた当時の普通学校では、日本語を教えこまれ、朝鮮語を使って話をした場合には、罰として教室の後ろに立たせるのです。それから……朝礼のときに宮城《きゅうじょう》遙拝《ようはい》し、『皇国臣民の誓詞《せいし》』を暗唱させられ、神社参拝を強制されました」。この皇国臣民の誓詞の皇国臣民というのは、日本の天皇に支配される人民のことです。李鶴来さんたちは小学校で必ず朝礼のとき「一つ、私たちは大日本帝国の臣民であります」「一つ、私たちは心を合わせて天皇陛下に忠誠を尽くします」という誓いをさせられていたのです。今も、その誓いを覚えているという李鶴来さんに私は証言台でいってもらおうとしました……日本政府によって原告らの**民族的アイデンティティー**[★3]が侵害されていたことを裁判官に訴えようと思ったのですが、李鶴来さんに「そのようなことはいいたくない」と証言台で拒否されました。

小さいときからこういう教育を強制されているうちに、朝鮮の若者は日本人としての誇りを持たされ、日本のために俘虜監視員として忠実に、良心的に、真面目に一生懸命働き、そのために日本の戦犯にされてしまったのです。他民族である朝鮮の人たちに、日本人意識を植え付けて日本の戦争に利用する――神の前に犯す人間の罪で、こんな大罪があるでしょうか。

9 パク・ユンサンの述懐

韓国在住の原告の一人で、十五年の刑に処せられた朴允商《パクユンサン》さんは八十二歳となり、足が衰えステッキをついて日本へやってきました。一九九四年のことです。当初、車椅子に乗って来る

★3 アイデンティティー――この高校での講演は、後日、『アイデンティティーへの侵略』という題名の社会科の副読本になった。生徒の声「『～への侵略』はいいっす。なんだかカッコイイ……」、「難しい言葉が入るとちょっと読みたくなる」、「アイデンティティーの意味をどっかに書いた方がいいかも」ということになった。広辞苑を引いた生徒が教えてくれた。「アイデンティティーとは、この場合『主体性』のことらしい。で、『主体性』とは、他の者によって導かれるのでなく、自己の純粋な立場において行うさま」、だそうだ。この本に出てくるように、かけがえのないその人固有の純粋な立場を失わせるような精神支配をすること――弱い立場の者、貧しい者の主体性をないがしろにすることが、アイデンティティーへの侵略なのだ。たとえ、自分となんの関わりあいのない、赤の他人でも、彼または彼女が被った「アイデンティティーへの侵略」にそ知らぬ顔をすることは、同罪だ。

と伝えられましたが、意外にも元気なこの老原告は、口髭こそ生やしていませんが、チャップリンをもう少しひょろ長くして、メガネを掛けさせたような風貌で、ユーモアを漂わせていました。後ろに、物静かな表情の奥さんがつき添っていました。彼女は、日本の戦犯とされたパクさんのことや、当時自殺した彼の奥さんのことも何もかも承知していて、今、この先妻のことも日本の裁判所で証言するパクさんとともにこの国へやって来たのです。法廷では傍聴席の最前列で証言台の夫の背中をじっと見つめていました。

パクさんの先妻は、パクさんが戦犯で十五年の刑になったということを赤十字経由で役場から知らされると、近所の農業用貯水池に投身自殺したということです。パクさんの証言によると、この「かわいそうだった妻」のことを、戦後初めて帰国したときに聞かされたということです。

裁判所へ向かうタクシーのなかで**広島アジア競技大会**[★4]のニュースを聞くと、チャップリンことパク・ユンサンさんは肩をすぼめて話し始めました。

「日本人の弁護士さんに、こんなことをいって申し訳ないけれど……わたしは国際試合のテレビを見ていて、いつも〝日本が負ければいい〟と思っちゃうんですよ……日本と韓国以外の国とやるときでもね」

たとえ日本政府が謝罪のしるしとしての補償をしても、この〈パクさんの本心〉を一〇〇パーセント癒やすことはできないでしょう。だがわれわれの政府はそれさえもしようとしていないのです。

「私は今考えてみると、自分ほどばかな者はいないといって後悔をしています」とパクさんが裁判所に提出した書面に記してあります。「俘虜監視員をさせられ、日本のために利用されながら無知で反抗もせず、忠節をつくした自分はばかだった。小さいときからそういう服従の教育を受けてきたのがその原因だ――そういう教育を強制した日本を怨むというか、自分の無知に腹が立つというか、本当に悔しい」。パクさんはこう述懐しています。

隣国から来た老夫婦は、静かだが毅然と、日本の歴史責任・戦争責任を鋭く追及しているのです。

パク・ユンサンさんが裁判所に提出していた陳述書をもとに、法廷で次のように尋ねたことを今も忘れることはできません。

今村　あなたは釜山の野口部隊で厳しい訓練を受けた後、釜山港から貨物船で日本の門司

★4　広島アジア競技大会――一九九四年十月、広島市への原爆投下という特異な歴史がある広島で、アジア諸国間の平和と調和促進をテーマに開催された第十二回アジア競技大会。

港、台湾の基隆《キールン》港、高雄、シンガポールを経て、ジャワのジャカルタのタンジョンブリオク港に上陸したんですね。
パク・ユンサン　そうです。
今村　日本を初めて見たのは門司港ということになりますか。
パク・ユンサン　そうです。
今村　日本をどう思いましたか。
パク・ユンサン　そのとき、見たら、港には船がいっぱいあって、やっぱり日本は大変な国だなという感じでした。
今村「台湾の基隆港でバナナを積み込んだ」ということですがそのときもスパイ行為を防ぐということで「甲板にも上げてもらえなかった」「バナナを見たのはこのときが初めてだった」のですね。それから、「高雄にも寄ったけれど、便所へ行くと嘘をついて甲板へ出てみて、イルカが一杯いたのを覚えている」のですか。
パク・ユンサン　そうです。
今村　どんな様子でしたか。
パク・ユンサン　イルカというのは、群を作って、浮いたり、沈んだりしながら、船の近くには食べるものがあるものだから、それを狙って来るらしいんですね。

今村　「ジャカルタのタンジョンプリオク港に上陸した時、船の階段をよろよろして下りたら、いろんな匂いがして花が一杯咲いており、街路樹もきれいだったことが印象に残っている」のですか。

パク・ユンサン　そうです。

今村　あなたは釜山を出てから、初めて日本を見、バナナを見て、イルカの群を見、南方のいろんな匂いのする花を見たということですね。

パク・ユンサン　そうです。

今村　あなたが初めて捕虜を見たのはいつですか。

パク・ユンサン　それは、タンジョンプリオクに着く前に、シンガポールに泊まっておったときに、船の上で見たら、下で作業をしている人が、体のでかい、鼻の高いあれが俘虜だといって聞かされました。

今村　びっくりしましたか。

パク・ユンサン　あれを見て、あれを監視するんだといって見て、お互いに我ら同士が、大変なものだといって話をしたことがあります。

今村　大変不安になってきたわけですか。

パク・ユンサン　ええ、そうです。

こうして、パク・ユンサンたち朝鮮の若者は、故郷での家族との日常を奪われていったのです。

10　チョウ・ムンサンの遺書

終わりに、李鶴来さんの仲間の趙文相《チョウムンサン》という若者の話をします。彼は、英語ができたので、上官の通訳をさせられていたのですが、身に覚えのない捕虜虐待の罪を問われ死刑になりました。絞首刑になる前に独房で遺書を書いていたのです。彼はキリスト教徒でした。その長い遺書の一部を読んで私の話の結びにしたいと思います。

「ふるさとのあの山の頂上の、あの岩に刻み残した俺の名前は、まだ残っているだろうか。あわただしい一生だった。ほとんど夢の間に過ぎた。この短い一生の間自分は何をしたか、全く自分を忘れていた。たとえ愚かでも不幸でも、自分のものといった生活をしたら良かったものを。友よ、弟よ、おのれの知恵でおのれの思想をもたれよ。今、自分は自分の死を前にして、自分のもののほとんどないのにあきれている。もういっぺん、ふるさとのこと

を考えてみたがまとまらない……」（巣鴨遺書編纂会『世紀の遺書』所収、講談社）

彼は、朝九時の鐘の音がなると、死刑台に連れていかれたのですが、その二分前まで次のように遺書を書き綴っていました。

「あの世ではまさか朝鮮人とか、日本人とかいう区別はないでしょうね」「うき世のはかなき時間に何故、相反し、相憎まねばならないのだろう。日本人も朝鮮人もないものだ。皆、東洋人じゃないか。いや西洋人だって同じだ」「独房の中から、残る人たちの『蛍の光』が聞こえてくる。九時だ。のびやかにゆったりと鐘が鳴る。迎えが来た。いよいよらしい。これでこの記を閉づ。この世よ幸あれ」

朝鮮人「ＢＣ級戦犯者」チョウ・ムンサンの遺書はここでぷっつり途切れているのです。

11　Q&A

講演が終わると、生徒からの質問が相次いだ。

Q　ＢＣ級のＢＣとは何ですか？

A　みんなの中に『東京裁判』という映画やテレビを見た人がいるでしょう。あれは、Ａ級戦犯の裁判です。これは東条英機などこの戦争を起こした責任者たちを連合国が共同して裁いたのです。これに対して、原告たちのようにタイやシンガポール、ジャワなどで捕虜になった連合国の兵士や民間人を虐待したとして、その場所で関係国の軍事裁判にかけられた人びとがＢＣ級戦犯というグループです。ドイツのニュルンベルク裁判では兵士を虐待したものはＢ級戦犯、市民を虐待した者はＣ級戦犯とされました。しかし、日本の場合は、ＢとＣを分けずＢＣ級戦犯と呼ばれたわけです。

Q　韓国・朝鮮人の「ＢＣ級戦犯者」として有罪になった人はどのくらいいるんですか？

A　百四十八人です。そのうちの二十三人が死刑になっています。残りの百二十五人も無期懲役または十年、十五年など長期間身柄を拘束するといった刑を宣告されています。

Q　誰がどう見ても李鶴来さんや原告側の人びとに対する日本政府の対応はすごく悪いのに、どういう考えがあって政府は罪を償おうとしないのですか？

A　私にもさっぱり分かりませんね（笑い）。

政府はコリアンガード個人個人に謝罪し、可能な限り謝罪のしるしとしての補償をすべきであるのに……。人間的におかしいのではないかと思います……。西ドイツのヴァイツゼッカー大統領は、議会演説で、第二次世界大戦中のドイツの過去の非人道的な歴史をかえりみて、戦争責任を説いているのですが、それと比較してみますと、どうも日本人というのは〝歴史認識〟が薄い民族だといえるでしょう。他民族のアイデンティティーの侵略であった過去の誤りをありのままに正しく認識していれば、心から謝罪をしようという気持ちが起きるはずです。もう一つ、こんなに悲惨な目にあっている人びとの痛みが分からないということ、私はそれを〝人権感覚〟がないために、日本政府は心から謝罪し、謝罪のしるしとして、できる限りの補償をしていこうという気持ちにならないのだと思います。非常に今の質問は、戦後補償問題の本質をえぐった良い質問ですね。

日本軍従軍慰安婦の人たちの裁判で「人権の感覚」の鋭い裁判官の判決があります。「従軍慰安婦制度は……徹底した女性差別・民族差別思想の現れであり、女性の人権を根底から侵し、民族の誇りを踏みにじるものであって、しかも、決して過去の問題ではなく、現在においても克服すべき根源的人権問題である」「帝国日本は、旧軍隊のみならず、政府自らも事実上これに荷担し、慰安婦とされた多くの女性のその後の人生までも変え、第二次世界大戦終了後もなお屈辱の半生を余儀なくさせたものであって……彼女らを際限のない苦しみに陥れている」

このような、際限のない苦しみに陥れている日本軍従軍慰安婦問題を初めて世に問うた故金学順《キムハクスン》さんは「私が望むのは、日本政府の謝罪と国家的な賠償です」と訴えていました。

また、日本のBC級戦犯者とされてしまった李鶴来さんは「それほどの金額じゃなくても、私たちの人権を侵害し、人間としての人格をおろそかにした。そのことにちゃんと謝罪し、それが口先でないことを示す補償であればいいと思います。謝罪と補償は全く一体のものでございます。謝罪だけでもだめです。また、お金をもらったというだけでは意味がございません」。

つまり、日本の戦争の被害者が求めている戦後補償は謝罪のしるしとしての補償（いわば象徴的補償 symbolic compensation）なのです。

Q　韓国・朝鮮人の「BC級戦犯者」のように個人的に戦争責任をとったのに、個人に補償しなければいけないんじゃないか、一人ひとりにきちんと補償するように呼びかけることが今の私たちに残されていることだ、とも思いますが、そのお金はどこから出てくるんですか？　国にそんな余裕はあるんですか？

A　朝日新聞の論壇に「外国人戦後補償法を制定せよ」と題する投書をしたことがありま

す。一九九五年のことです。当時、旧ドイツ連邦共和国（西ドイツ）では、一九五六年に成立した連邦補償法のもとで二〇三〇年までに一千二百億マルク（約七兆七千億円）を支払う見込みということでした。

また、日本軍の真珠湾急襲をきっかけに、米国在住の**日系米国人を強制収容**[★5]したことについて、一九九〇年に成立した米国の補償法では補償基金に出資する一会計年度の予算の額に限定を設け、各年度に承認される予算に見合った分の補償が順次行われるという仕組みで、一人二万ドル（約二百万円）が当時のブッシュ大統領の謝罪の趣旨を記載した手紙を添えて個々人に支払われています。

これらの国際社会における戦後補償を参考にして「戦後補償立法を準備する弁護士の会」では、「戦後補償法」を立案しています（『戦後補償法・その思想と立法』一九九九年、明石書店）。

Q　ＢＣ級戦犯者訴訟の判決は、どうなったのですか。

★5　日系米国人を強制収容―アメリカ合衆国は、第二次世界大戦中一九四二年（昭和十七年）二月の大統領行政命令に基づき、アメリカ本土西海岸に居住していた日系アメリカ人約十一万人を敵性人種として収容所に強制収容し、その自由を略奪するなどの犠牲を強いた（岡部一明『日系アメリカ人強制収容から戦後補償』一九九一年、岩波ブックレット二三四。国立国会図書館調査立法考査局編『外国の立法・特集戦後補償』一四九ページ以下、一九九六年第34巻3・4号、通巻第一九七、一九八号）。

Ａ　裁判官は法律に基づいて裁判をするのですが、原告らに対して補償する立法はないので、李鶴来さんたちの請求は認められないことになります。

このように成文の法律がない場合、裁判官は「条理」に基づいて裁判すべきであると、一八七五年（明治八年）の太政官《だじょうかん》布告《ふこく》一〇三号の「裁判官事務心得」に定められています。この「条理」というのは正義公平の原理・原則のことです。そこで弁護団は「条理」に基づく戦後補償請求の訴えを提起したのです。それで、この裁判を支援していた若者たちや、原告らはこの裁判を「条理裁判」と呼ぶようになりました。

この「条理」の訴えに対して東京高等裁判所は「第二次世界大戦において国家の権力により犠牲を強いられ、被害を受けた者たちに対しては、国家の責任においてその被った犠牲・被害について一定の補償をすべきであるという認識（条理）が次第に我が国を含めた世界の主要国の共通の認識として高まりつつあるということができる」と判示し、「政府、国会など国政関与者において、この問題の早期解決を図るため適切な立法措置を講じることが期待されるところである」と条理の立法化を促しているのです。最高裁判所も原告ら各自が受けた刑を判示し、「深刻かつ甚大な犠牲ないし損害を被った」ことを明らかにした上で、彼ら七名のものが被った犠牲ないし損害が深刻であるのに、これに対する補償を可能とする立法措置が講じられていないことに言及しているのです。

しかし、未だにBC級戦犯者個々人に対する戦後補償立法がなされていません。

政府も国会も、戦後補償を立法によって解決するよう促している司法の見解を尊重し、速やかに立法措置を講ずべきなのです。

戦争責任

他から問われて感ずるもの
ではない、
自らに問うて意識すべき罪。
忘れてあげようといってくれても、
時効にしてはならないもの。
信頼の源。

【「日本」という国】

Ⅷ 『わたくしたちの憲法』を読む

1 神国・日本

〝伊勢は津でもつ、津は伊勢でもつ、尾張名古屋は城でもつ〟これは江戸時代の伊勢国で唄われ、全国に広まった民謡である。伊勢の神宮は津に港があることで参拝者が集まる、津は伊勢の神宮への参拝者が多いことで栄える、尾張の名古屋は城ができたことで栄えるというのだ。

ところで、伊勢神宮には、皇室の祖先とされる祖神・天照大神（アマテラスオオミカミ）が祀《まつ》られ、伊勢は「神都」と称されている。

かえりみると、大日本帝国憲法（明治憲法）第三条は「天皇ハ神聖ニシテオカスベカラズ」と定めていた。著名な憲法学者宮沢俊義・児童文学者国分一太郎の共著、小中学生向けの『**わたくしたちの憲法**』[★1]（有斐閣、一九五五）は、明治憲法の天皇について次のように語っている。

「みんなと同じように、空気をすい、みんなと同じように、食物を食べる。そういうひとりの人を神さまといい、その人のためならば、だれでもが、尊いいのちもすてなければならない、そのような国がアジア大陸の東の方にありました」

「その国をつくったのは大昔の神さま、だから、その国をおさめるものはあくまでも、大昔の神さまの子孫なのです。そういう国が、太平洋の西のはし近くにありました」

「世の中がひらけるといっしょに、その国にも、議会や学校ができ、汽車や自動車があらわれ、新聞やラジオがひろまり、大きな工場ができましたが、この考えかただけは、地中深くくいこんだ大木の根のように、根強く残っているのでした。――それが、わたくしたちの国、日本でありました。そして、神さまといわれるのが天皇でありました」

★1 『わたくしたちの憲法』――当初絵本として刊行された（一九五五年）が、長らく品切れとなっていた。憲法への関心の高まりを受け、一九八七年四月に新書の形式で重版された。現在も版を重ねており、入手できる。

「そのころは、わたくしたちのおじいさん、おばあさん、おとうさん、おかあさん、にいさん、ねえさんは、みんながみんな、神さまである天皇のけらい（臣民《しんみん》）だということになっていましたから、天皇のいいつけならば、なんでも『はい、はい』ときいていなければなりませんでした。男の人は、『天皇のためだ』といわれれば、年とった両親や、愛する妻子をすてても、いやな戦争に、でかけて行かなければなりません」

2　「国民主権」の憲法

ところが世界の歴史をひもといてみると、「ひらけた国ぐにの人たちは、こんな古くさい考えかたは、とうの昔にすてていました。この国は神さまがつくったのだ。この国は王様のものだなどとは、もう、考えないようになっていました。それとは反対に、じぶんたちの国はじぶんたちでつくったのだ。じぶんたちこそ、国の主人だ、じぶんたちの国は、じぶんたちでおさめていくのだ—と考えるようになっていたのです。これが、つまり、民主主義の考えかただったのです。」

「一九四五年（昭和二十年）に、戦争にまけたあと、おくれていたわたくしたちの日本も、このような世界の仲間入りをすることになりました」

「わたくしたちの国は、天皇の国、天皇のおさめる国ではなくなったのでした。わたくしたちの国は、わたくしたち自身が、みんなの力でおさめていく国となったのです。国の政治をやっていく力のおおもとは、国民全体にあるとしたのです」

このあと、次の趣旨の話が続く——つまり、天皇は、内閣の意見にしたがって、国民のために、憲法が定める仕事（形式的、儀礼的行為）だけを行う『象徴天皇』という地位に就くことになった。たとえば国民主権のもとでは法律はわたくしたちの代表者が集まっている国会が実際に作るが、成立した法律を、内閣の意見に基づいて、官報に掲載して国民に知らせる（公布する）という形式的行為は、日本国のシンボル（象徴）である天皇の名で行うことにした——これはもう国会で成立したものを公布するだけの話である。また、日本の国にとって一番大事な国会を開くときなどに、内閣の決定に基づいて日本国のシンボルである天皇がその知らせを出すことになっている。

このほか、内閣の意見に基づいて、憲法が定める形式的儀礼的行為（国事行為）のみを行う天皇は一切政治には口を出さないことになった。

国民主権の憲法の下での今の天皇は昔のような『神聖天皇』でもなく、また国家を代表する『元首』でもないのだ。

3　首相らの伊勢神宮参拝

ところが、一九五五年、鳩山一郎首相が、中谷元・防衛庁長官ら六閣僚を同行して、皇室の祖神を祀る伊勢神宮に参拝した。その後、一九六七年の佐藤栄作首相の参拝以来、毎年元日を迎えると、一般市民が行う私的〝初詣〟をよそ目に歴代の首相（近年では小泉純一郎・福田康夫・麻生太郎・鳩山由紀夫・菅直人・野田佳彦・安倍晋三）や野党党首（岡田克也・蓮舫）などの「公人」らがこぞって、伊勢神宮の外宮《げくう》、内宮《ないくう》に参拝し、そのあと「神都」伊勢で安倍・蓮舫各党首が新年の政治的記者会見を行ってはばからない。

国民主権の「わたくしたちの憲法」の下で、伊勢神宮に祀られている皇室の祖神・天照大神は今なお日本国の公人の間では、皇室崇敬の中心とされているのだ。この国の内閣の責任者や与野党の代表者は、日本の政治が、天皇の先祖である天照大神に由来するという公的立場に立っていることになるのだろうか。そして、国家神道の時代と変わることなく、伊勢神宮を、他の神社とは違う皇祖神を祀る最高位の神社と位置づけているのだろうか。

「公人」としての、伊勢神宮参拝は政教分離原則に悖《もと》るだけでなく、「神権天皇制」を変革し「国民主権」の国となった憲法に悖る行為と言わなければならないと思う。

そして、最近、天皇を、長い歴史と固有の文化をもつ日本国の『元首』にしようとの考え方が目立つようになってきた。

4　戦争をしない国

日本国憲法が一九四七年（昭和二十二年）五月三日施行されると、同年八月二日、文部省検査済みの『あたらしい憲法のはなし』が発行された。その奥付には「著作兼発行者文部省」とあり、「戦争の放棄」の項には、次のように記述されている。

こんどの憲法では、日本の國が、けっして二度と戦争をしないように、二つのことをきめました。その一つは、兵隊も軍隊も飛行機も、およそ戦争をするためのものは、いっさいもたないということです。これからさき日本には、陸軍も海軍も空軍もないのです。これを戦力の放棄といいます。「放棄」とは、「すててしまう」ということです。しかしみなさんは、けっして心ぼそく思うことはありません。日本は正しいことを、ほかの國よりさきに行ったのです。世の中に、正しいことぐらい強いものはありません。

もう一つはよその國と争いごとがおこったとき、けっして戦争によって、相手をまかして、じぶんのいいぶんをとおそうとしないということをきめたのです。おだやかにそうだんをして、きまりをつけようというのです。なぜならば、いくさをしかけることは、けっきょく、じぶんの國をほろぼすようなはめになるからです。また、戦争とまでゆかずとも、國の力で、相手をおどすようなことは、いっさいしないことにきめたのです。これを戦争の放棄というのです。そうしてよその國となかよくして、世界中の國が、よい友だちになってくれるようにすれば、日本の國は、さかえてゆけるのです。

みなさん、あのおそろしい戦争が、二度とおこらないように、また戦争を二度とおこさないようにいたしましょう。

これは、教育、文化、学術などを担当する文部省の「初心」である。そして、先の『わたくしたちの憲法』は、皆の声を次のように綴っている。

—これからの戦争は、原子爆弾や水素爆弾、もっとおそろしい核兵器ができていっそうむごたらしいものになるでしょう。

—ある人びとはこんど戦争がおこったら、人類は全滅だといっています。

—地球さえも、ぶちこわれるだろうといっています。

——やばんな時代にもどるばかりか、人類に希望はなくなるだろうといっています。

——勝っても、勝ったことにはならないといっています。

——負けたら、ますます、みじめなことになるでしょう。

——だから、世界中が戦争には反対なんです。

——だから、世界中の人びとが、平和を待ちのぞんでいるのです。

——だから、わたくしたちも、それにおくれてはなりません。

——そうです。それにおくれないために、戦争をしない国、軍隊のない国にしようときめたのです。

——どんなことがあっても、戦争をしない国、いつまでたっても、軍隊をもたない国、そういう国を、この日本につくりましょう。

——つくりましょう。

——つくりましょう。

——いや、そういう世界、そういう地球をつくりましょう。

——そうです。つくりましょう。

——なにごとも戦争によってではなく、話し合いできめていく、そういう人類の世界を、つくりましょう。

——おたがいの信じあいと、話あいで。
——ほんとうにつくりましょう。
——人間の美しい心と、人間の正しい力で。
——つくりましょう。
——つくりましょう。

エピローグ

虹の根元

本書は、先に記した親密な憲法訴訟弁護団との十年、二十年余にわたる共闘の小史である。そして、近時、旧知の木村庸五弁護士が「政教分離の会」の代表を引き継がれ、若手弁護士と共にその後の「少数者の人権」をめぐる憲法訴訟を担っておられる。

ところで、地方公共団体である津市の市長や、国の機関である自衛隊関係者によって、少数者の人権がないがしろにされた津地鎮祭違憲訴訟（Ⅲ）と自衛官「合祀」拒否訴訟（Ⅴ）に携わっていたときのことを、今、改めて想い起こす。この二つの憲法訴訟とも十年あまりを費やして名古屋高裁、山口地裁、広島高裁で勝訴したが、最高裁大法廷で逆転敗訴した。それまで、憲法訴訟の支援に熱心であった牧師さんの一人が、〝憲法はもう歯止めにならないのではないか〟とつぶやくのを聞いた。憲法は理想にすぎないという声である。

平和を希求し少数者の人権の確立をめざす市民運動のなかでこのような声をきき、同じ想いにふけるとき、いつもながら、串田孫一の農村青年と出逢う。

この青年は、青年会の会長さんで地方のインテリゲンチャであるけれど、まだ素朴な野生が残っていて、野で働いていて虹が立つと、そこにつないであるはだか馬にとび乗り、虹の根元を見に行くんだといいのこして、すっ飛んで行ってしまう。この農夫は物理学を知っていて、虹の根元が地上にないこと、木とはちがうということぐらいは分かっている。つまり、馬に乗っていくということが、いかに無駄なことであるかを知っていて、それでも野を駆けてゆくのだ。

詩人の山本太郎さんはこの農村青年を紹介しながら、自分は子どものころ、やはり虹が立つと虹の根元を見たいというふうに思って、そのほうへ歩みかけたことを覚えていると話す、虹の根元が見えると思って歩きかけたというのである。そして、次のように指摘している。

虹の根元は地上にないということを「知らないでゆくのと、知ってて行くというのがある。そのつぎにはこんなのは知ってるから、バカバカしいから行かない。知ってて行かないというふうな場合もあるわけです。串田さんの話をよんでいて、ぼくはそのどれだろう、とボンヤリ考えていました。その青年のような人種に属したいと思いながら」（『詩をどう書くか』社会思想社所収)。

私も、この串田孫一の農村青年の話がこのうえなく好きで、ときどき学習会のあとの飲み会などで若い人たちに話すこともある。

リルケの恐れ

今は昔、〝おとな〟たちの言葉に不信を抱いていた若い年頃にふと出遇ったリルケの詩の一節(高安国世訳)を記して筆を置こう。

私はひとびとの言葉を恐れる。
彼らは何でもはっきりと言い切る、
これは犬だ、あれは家だ、
ここが始めだ、あそこが終りだ、と。
私はまた彼らの心も不安だ、嘲笑をもてあそぶのも。
彼らはこれから起る事も前にあった事も何でも知っている。
どんな山を見ても彼らはもう不思議を感じない、

彼らの庭や地所はそのまま神に接している。

言葉に対する敬虔《けいけん》な愛を失ってしまった〝おとな〟たちは、自己を絶対化し、他を嘲笑し、不思議を以前ほどには感じなくなってしまった存在である。〝おとな〟の世界に対する抗議とも受けとれるこの詩に共感したぼくは、法学部の学生になってからも、法律叢書の新刊を一割引で売っている神田の古本屋に立ち寄ったときなど、リルケの詩や小説や書簡集をあさるようになっていた。

「私はひとびとの言葉を恐れる……」書棚の隅の古ぼけた詩集のその箇所を今また繙《ひもと》き、言葉に対する敬虔な愛が語られているこの詩に、いつもながらの感動を覚えるのである。

本書に集めた五十年余にわたる己の「弁論」の言葉を顧みよう。

◆

本書を出版して頂いた「明石書店」は、社会にある問題をマイノリティの視点で捉えた出版活動を行っており、その編集に携わってこられた黒田貴史さんに、ご理理解ある本書の編集をしていただき感謝しています。

〈著者紹介〉
今村 嗣夫（いまむら つぐお）
弁護士。元東京経済大学非常勤講師（憲法）、自由人権協会会員、戦後補償立法を準備する弁護士の会座長。韓国・朝鮮人元ＢＣ級戦犯者の戦後補償裁判、津地鎮祭違憲訴訟、自衛官「合祀」拒否訴訟、定住外国人の指紋押捺拒否裁判など国家と宗教、少数者の人権、外国人と憲法に係わる裁判を多数担当。主な著書に、『象徴天皇制と人権を考える』（日本基督教団出版局、2005）、『一匹の羊の教え―いま問われる少数者の人権』（共著・日本基督教団出版局、2000）、『戦後補償法－その思想と立法』（共著、明石書店、1999）、『アイデンティティーへの侵略―いま高校生と語る戦後補償・人権』（共著・新教出版社、1995）、『こわされた小さな願い―自衛官〈合祀〉拒否訴訟』（キリスト新聞社、1989）、『弁護士のこころ』(ヨルダン社、1981)、『最高裁と神々』(共著、新教出版社、1980)、『自治会と神社』(共著、すぐ書房、1975)、『津地鎮祭違憲訴訟』(共著、新教出版社、1972)などがある。

マイノリティの人権を護る
靖国訴訟・指紋押なつ拒否訴訟・BC級戦犯者訴訟を中心として

2019年10月10日　初版　第1刷発行

著者　今村嗣夫
発行者　大江道雅
発行所　株式会社 明石書店
〒101-0021 東京都千代田区外神田6-9-5
電話 03（5818）1171
FAX 03（5818）1174
振替　00100-7-24505
http://www.akashi.co.jp/
装丁　明石書店デザイン室
組版　三冬社
印刷／製本　モリモト印刷株式会社

（定価はカバーに表示してあります）　ISBN978-4-7503-4902-2

世界人権問題叢書29

戦後補償法

その思想と立法

今村嗣夫、鈴木五十三、高木喜孝 編著

■四六判／上製／288頁　◎3000円

戦後50年をへても、日本の非人道的行為によって被害を被った外国人に補償金を支払うことを拒否する政府。具体的に法の試案を提示することにより、万難を排して実現されるべき立法への議論を喚起する。

●内容構成●

戦争裁判と平和憲法　戦争をしない／させないために
児玉勇二著　◎2500円

「聖戦」と日本人　戦争世代が直面した断末魔の日々
一本松幹雄著　◎2300円

戦争孤児と戦後児童保護の歴史　台場、八丈島に「島流し」にされた子どもたち
藤井常文著　◎3800円

戦争社会学　理論・大衆社会・表象文化
好井裕明、関礼子編著　◎3800円

「ポスト真実」と対テロ戦争報道　メディアの日米同盟を検証する
永井浩著　◎2800円

前川喜平　教育のなかのマイノリティを語る
高校中退・夜間中学・外国につながる子ども・LGBT・沖縄の歴史教育
前川喜平、青砥恭、関本保孝、善元幸夫、金井景子、新城俊昭著　◎1500円

そろそろ「社会運動」の話をしよう【改訂新版】　自分ゴトとして考え、行動する。社会を変えるための実践論
田中優子＋法政大学社会学部「社会を変えるための実践論」講座編　◎2100円

近現代日本の「反知性主義」　天皇機関説事件からネット右翼まで
芝正身著　◎2800円

〈価格は本体価格です〉